EK

Edition Delius

Für alle, die die zugegebenermaßen köstliche Realität
der Postkarten-Idylle vorziehen…

Louisa Jones

Küche und Gärten der
Provence

Fotos:
Vincent Motte
Louisa Jones

Rezeptberatung: Éric Trochon
Food-Fotografie: Jean-Charles Vaillant

Delius Klasing Verlag

Inhalt

Vorwort

Liebe Leserinnen und Leser,

in den zurückliegenden zwanzig Jahren habe ich beim Durchstreifen der Gärten der Provence eine Reihe wundervoller Menschen kennen gelernt, die alle eine Leidenschaft für das Essen hegen. Der Nutz- und der Ziergarten bilden im Mittelmeerraum traditionell eine Einheit, die ohne den Olivenbaum, dem Sinnbild der Landschaft Südeuropas, schier undenkbar wäre.

Dennoch sind mir ob des seit Jahren üblichen überschwänglichen Lobes der mediterranen Küche leise Zweifel gekommen, und ich wollte endlich einmal erfahren, wie und was die Gärtner (und Gartenbesitzer) der Provence wirklich essen.

Während der Recherchen zu diesem Buch traf ich auf überaus unterschiedliche Menschen, die eine ungefähre Gemeinsamkeit aufwiesen, und das war ihre kulinarische Praxis. »Meine« Köchinnen und Köche variieren im Alter von 35 bis 85 und gehören keineswegs derselben sozialen Schicht an. Sie sind Bauern, Schäfer, Kaufleute, Notare, Mediziner, Viehhüter und Diskotheken-Besitzer, Innenarchitekten, Immobilien-Händler, Galeristen, Arbeiter in Baumschulen, Landschaftsgestalter, Winzer oder Produzenten von Olivenöl, Hausfrauen und Gärtner. Allen gemein ist die Liebe zu den Produkten ihrer Region. Ob in der Provence geboren oder zugezogen, sie alle kochen – ohne sich je einer Mode unterworfen zu haben – wie es im mediterranen Frankreich eben üblich ist. Niemand von ihnen war ohne weiteres in der Lage, seine (Lieblings-) Rezepte schlicht niederzuschreiben, denn sie alle kochen nach dem Gefühl. Aber auf unseren Wunsch war man dann doch bereit, die Gerichte zu fixieren...

Alle meine Informanten geben vor, niemals wirklich viel Zeit mit Kochen verbringen zu können. Und obwohl die meisten einfache und schnelle Gerichte bevorzugen, scheuen sie doch keine Mühe, die besten Zutaten auch der entlegensten Händler zusammenzutragen. Was allerdings nicht bedeutet, dass Einiges, wie beispielsweise der Senf, auch aus dem Supermarkt stammt! Eingekauft wird meist in Spezialgeschäften: In dem einen gibt es den besten Fisch, in einem anderen die guten Linsen. Besonders beliebt sind die Wochenmärkte im eigenen Viertel oder auf dem Dorf.

Dort kauft direkt beim Produzenten, wer nicht schon genügend Obst und Gemüse von den Eltern oder Freunden bezieht. Und natürlich ist man stolz auf die Ernte aus dem eigenen Garten. Ich halte es im Übrigen genauso, wenn ich bei mir auf der eigenen Scholle in Südfrankreich bin.

Die mediterrane Küche ist also nicht nur ein Mythos. Es gibt sie ganz konkret, als moderne und praktische Variante des alltäglichen Kochens. Provenzalische Gerichte basieren auf Gemüse und frischem Obst, Kräutern, Knoblauch, Fisch und Olivenöl. Reich an Farbe und Geschmack, eignen sie sich für gesellschaftliche wie familiäre Anlässe und sind ebenso ökonomisch wie köstlich.

Das Kochen in der Provence hat nichts mit Nostalgie zu tun, denn alle unsere Köchinnen und Köche sind tief im kräftezehrenden Alltag der Moderne verwurzelt. Sie haben sich jedoch eine deutliche Wertschätzung des Ursprünglichen, des Bodenständigen bewahrt – ganz gemäß der schlichten Maxime eines Jean-Luc Danneyrolles, dass man verwendet, was vorhanden ist... Aber wiewohl die provenzalische Küche vornehmlich lokale Zutaten verwertet, hat sie sich längst den vielfältigen Einflüssen aus dem mediterranen Raum geöffnet, und wieder einmal wird das Mittelmeer seiner Rolle als »Meer der Mitte« gerecht.

Die Köchinnen und Köche der Provence sind sich sehr wohl des Bildes bewusst, das sich die Welt von ihrer Region macht. Und hin und wieder scheinen sie oder ihre Kinder dieses Image geradezu bereitwillig zu bedienen. Im Großen und Ganzen aber stehen sie in einer gewissen Distanz zum Rest der Welt und leben von der Fähigkeit, genügsam und im Einklang mit sich selbst, unabhängig vom Zeitgeschmack zu sein.

Genießen wir das unbeschreibliche Glück, an ihrer familiären Intimität teilzuhaben und die Möglichkeit wahrzunehmen, ihre verführerische Küche zu entdecken, die das so häufig strapazierte Adjektiv »authentisch« wahrhaftig verdient.

Louisa Jones, Avignon

Das Erbe

der Provence

Guylaine
d'Albertas

Eine Familie aus Aix
und ihr Landsitz
aus dem 18. Jahrhundert

Die Gärten von Albertas bilden das wohl bedeutendste und vollkommenste Ensemble der Provence des 18. Jahrhunderts. Das in großzügigen
Terrassen angelegte Landgut in der Gegend zwischen Aix und Marseille befindet sich seit der
Gründung im Jahre 1751 durch Jean-Baptiste d'Albertas, dem ersten Präsidenten des Rechnungshofes in Aix, im Besitz der Familie. Nachfahrin Guylaine Latil d'Albertas bewohnt heute mit ihrem
Ehemann und ihren vier kleinen Kindern einen
Flügel des alten Jagdschlosses im unteren Teil des
Anwesens. Es entsprach dem Wunsch der Familie,
die Gartenanlagen zu restaurieren und der Öffentlichkeit zugänglich zu machen, und war zugleich
die einzige realistische Möglichkeit, den Familienbesitz zu bewahren. Die Mutter des Ehemannes,
seine beiden Brüder und ein Onkel, die alle in der
Nähe leben, partizipieren am Leben des Gartens,
was die Eigentümerin zu der schlichten Erkenntnis inspiriert, dass niemandem die Sache so sehr
am Herzen liegen würde, der nicht auch in dieser
Gegend lebe...
Guylaine stammt aus einer Familie in der Picardie, die ihren Besitz infolge der beiden Weltkriege
verloren hat. Ihre unermüdliche Arbeit am Landsitz der Albertas interpretiert sie auch als Versuch,
sich wieder eine Identität aufzubauen. Inzwischen
hat sie sich jedenfalls in der Provence gut einge-

lebt. Schon ihre Kindheit verbrachte sie Marseille, wo sie während des Jurastudiums ihren Ehemann kennen lernte.

Ihren Beruf aber hat sie niemals ausgeübt, denn auf Albertas gab es immer jede Menge zu tun. Dazu zählt nicht nur die tägliche Arbeit in den Gärten, deren Besucher sie manchmal höchst persönlich empfängt und führt, sondern natürlich auch die Vorbereitungen für die alljährlich Ende Mai stattfindende Fête des Plantes. So fehlt Guylaine d'Albertas ein wenig die Zeit, sich in komplizierten Gerichten zu verlieren.

Ihre Küche ist die des Südens auf der Grundlage von Olivenöl, Gemüse und aromatischen Kräutern. Häufig lässt sie sich von dem Klassiker der provenzalischen Küche, *La Cuisinière provençale* von Reboul, aber auch von alten Familienrezepten inspirieren. So manches Gericht aber erfindet ihr praktischer Geist für die Bedürfnisse des Augenblicks, wenn zum Beispiel die reiche Ernte ihres Gemüse- und Obstgartens ansteht...

Der verborgene Garten

Die obere, klassische Gartenanlage wurde restauriert, während der untere Garten, eher ein Nutzgarten, den Blicken der Besucher verborgen bleibt. So hat man oben die nach dem Krieg gepflanzten Obstbäume wieder durch eine in den Originalplänen vorgesehene Buchsbaumhecke ersetzt, die hervorragend mit den wunderbaren Skulpturen, dem großen Brunnen zu Ehren des griechischen Meeresgottes Triton und dem Judasbaum-Wäldchen harmoniert. So konnte das Ensemble zu seiner originären Eleganz zurückfinden.

Guylaine d'Albertas erklärt, dass ihr Anwesen zu keiner Zeit ein landwirtschaftlicher Betrieb gewesen sei und sich schon immer von den typischen Landgütern der Provence unterschieden habe. Ein Großonkel der Familie sperrte sich gar gegen die Pflanzung von Olivenbäumen in seinem Garten... Gleichwohl hat die Familie schon vor ewigen Zeiten mit der wirtschaftlichen Nutzung des Geländes begonnen. Guylaines Gatte erinnert sich etwa an die Himbeerhecken, die er abzupflücken half, um die Ernte auf dem Markt zu verkaufen. Und sie selbst ruft sich Onkel Olivier ins Gedächtnis, der seine Zeit mit der Herstellung von Tomatenmark und dem Einwecken von Obst verbrachte. Guylaine d'Albertas bewundert die mit wirtschaftli-

einer Creme aus Eiern und Milch – oder mit Schlagsahne serviert. Das Gleiche macht Guylaine mit ihrem Gartengemüse: Sie belegt den Teig mit Schichten von Tomaten, Zucchini, Auberginen oder Paprika, beträufelt es mit ein paar Tropfen Olivenöl und streut Kräuter und Parmesankäse darüber – eine einfache Art, aus dem, was im Garten anfällt, einen immer wieder köstlichen Auflauf zu zaubern. »Ich habe eigentlich nirgendwo so richtig Hilfe, also stehe ich im Alltag immer ein wenig unter Zeitdruck, weshalb ich selten eines der aufwändigen traditionellen Gerichte koche. Ich liebe es, mit meinem Korb durch die Beete zu gehen, Kräuter zu pflücken und Gemüse zu ernten. So genieße ich das Glück eines simplen Spaziergangs, bevor ich später mit den anderen die Gaumenfreuden teile.«

Bei allen ihren Experimenten fühlt sie sich zu allererst ihren Kindern verpflichtet. Würde sie es da beispielsweise wagen, einen karamellisierten Kuchen mit Lavendel zu bestreuen? Sie hat es

chem Denken gepaarte Großzügigkeit der Familie: »Das rührt daher, dass die Leute von ihrem Land lebten. Wer sich um das Gedeihen von Obstbäumen kümmert, bringt es nicht übers Herz, einen Apfel wegzuschmeißen. Schon im folgenden Jahr könnte der Baum schließlich nicht tragen! Dazu kommt, dass eine Familie mit bewusster Tradition eben auch häufig zusammen tafelt, und dann sitzen bei uns selten weniger als zwölf Personen am Tisch. Das ist nicht so sehr eine Frage des Wohlstandes, sondern vor allem des Respekts vor der Natur. Wer das Glück hat, dass sein Apfelbaum trägt, nimmt einen Korb und fängt an zu pflücken.«

Köstliche Gerichte aus dem Küchengarten

Um Verwendung für ihre sehr schmackhaften, aber rein äußerlich wenig attraktiven Äpfel zu haben, hat Guylaine d'Albertas die Tarte ébouriffée erfunden, den »zerrupften« Apfelkuchen, für den das Obst grob gerieben wird. Mit Zucker und roten Sommerbeeren, im Winter auch mit Nüssen vermischt und auf Blätterteig gebacken, geraten die Äpfel zu einem köstlichen und schnell zubereiteten Dessert, das sie mit einer Crème anglaise –

schon ausprobiert: Zuerst haben die Kleinen ihr Gesicht verzogen, aber jetzt lieben sie diesen Geschmack! Die Kinder gehen der Mutter schon in der Küche zur Hand, schlagen das Eiweiß und wissen, wie man in der Pfanne ein Steak brät. Gerade die Jungs sollten sich ein wenig in der Küche auskennen, meint Guylaine d'Albertas, und versteht dies durchaus auch ein wenig als Geschenk an die zukünftigen Ehefrauen ihrer Söhne... Selbst in einer konservativen Familie erregt es keinen Anstoß, wenn der Mann ein wenig in der Küche hilft. Wer das von Kindesbeinen an kennt, wird kaum behaupten, das Kochen sei eine Angelegenheit der Frauen! Guylaines Gatte ist Jäger und findet Spaß daran, den Drehspieß in dem großen Kamin in Gang zu setzen. Seine Mechanik reicht hinauf bis auf den Dachboden, und das Fleisch wird mithilfe eines ausgeklügelten Systems von Gewichten gedreht. Die Rezepte stammen allesamt von Onkel Olivier, der sie wiederum von seiner Eltern-Generation übernommen hat. Guylaine dagegen bevorzugt Fisch – schließlich stammt sie aus Marseille! Ihre Mutter war eine begeisterte Fischköchin und brillierte mit der traditionellen Bouillabaisse. Und obwohl sich die Tochter eher zu der weniger couragierten, jungen Generation zählt, möchte sie die alten Fischrezepte nicht missen.

Guylaine ist der Meinung, dass zur Aufgabe der Mutter einer Familie auch der Kampf gegen die Vereinheitlichung zählt. Wenn ihre Kinder eine Abneigung gegen bestimmte Gerichte wie etwa das Ratatouille entwickeln und sich weigern, davon auch nur zu probieren, ist sie schlicht enttäuscht. »Am leichtesten hat man es mit Tiefkühlkost, Spiegeleiern mit Schinken oder Nudeln... Da kann man gerade noch versuchen, den Geschmack mit ein paar Kräutern zu verfeinern, und das war es dann.« Und was sie hinzufügt, mag allen modernen Müttern bekannt vorkommen: »Ich fühle mich schuldig...«

In den Gärten findet die Auseinandersetzung auf einem ähnlichen Niveau statt. Die Besucher sind kaum mit den Gegebenheiten auf dem Lande vertraut. Die Vorliebe für den modernen Garten, die sich auch in der momentanen Begeisterung für die Provence widerspiegelt, zeigt vor allem den Wunsch der vorwiegend städtischen Besucher nach einer Rückzugsmöglichkeit im Grünen. Den Gästen fehlen häufig jegliche Kenntnisse der Natur: Sie sehen zum Beispiel einen winzigen Buchsbaum und denken, das Gewächs könne nicht älter als zwei Tage sein. Da muss ihnen Guylaine d'Albertas in einem langwierigen Prozess erst einmal klarmachen, dass es noch zehn Jahre dauern wird, bis die Hecke dicht und buschig gewachsen ist, dass man diesen Vorgang zu respektieren hat und in dieser Zeit nicht das junge Grün heruntertrampeln darf. Wenn die Besucher zumindest eine so kleine Erkenntnis von ihrem Besuch auf dem Lande mitnehmen, fühlt sich Guylaine schon erfolgreich. Dann nämlich könne sich das Verhalten schon ändern.

Das Erbe der Natur

Drinnen wie draußen in den Gärten bemüht sich Guylaine d'Albertas um eine Harmonisierung der Rhythmen von Natur und modernem Leben. Sie versucht sich an einer möglichst einfachen Küche, die dennoch die Erzeugnisse ihres Gartens verwendet und respektiert. So bleibt der Garten in dauernder Entwicklung und vor jeglichem musealen Charakter bewahrt. Davon zeugt die Züchtung einer wundervollen Rose zu Ehren der Gärten von Albertas im Jahre 2001 wie auch die Tatsache, dass die Fête des Plantes im Mai 2002 schon zum zehnten Male stattfand und von den professionellen Beobachtern wie der Öffentlichkeit mit zunehmendem Interesse angenommen wird. Das Erbe zu erhalten bedeutet auch, es durch Neues zu bereichern. Die Küche der Guylaine d'Albertas respektiert die traditionelle ländliche Ökonomie, beinhaltet aber auch schnell realisierbare Rezepte für die moderne Frau und lässt sich von den jeweiligen Erzeugnissen des Gartens wie auch von den Ideen jedes Einzelnen inspirieren.

Aumônières de chèvre aux herbes

Mit Ziegenkäse und Kräutern gefüllte
»Almosentaschen« oder Pompadours

ZUTATEN FÜR 6 PERSONEN

ARBEITSAUFWAND
20 MINUTEN

GARZEIT
5–10 MINUTEN

6 kleine Ziegenkäse	Pfefferkraut, Basilikum
6 Blätter Filoteig	frisch gemahlener Pfeffer
5 cl Olivenöl	Salz
Rosmarin	

Die Filoteig-Blätter glatt streichen und jeweils mit einem kleinen Käse belegen. Den Käse mit Öl beträufeln, salzen und pfeffern und nicht zu sparsam mit Rosmarin, aber auch mit gehacktem Pfefferkraut und Basilikum bestreuen.

Den Teig zu Taschen klappen, diese mit Hilfe eines Holzstäbchens oder eines Schnittlauchhalms verschließen und nebeneinander auf eine feuerfeste Platte legen.

Im Ofen bei 210 °C (Stufe 7) 5–10 Minuten überbacken, ohne dass die Blätter zu dunkel werden.

Heiß oder lauwarm auf einem üppigen gemischten Salat servieren.

Tombée de feuilles d'épinards à la pescadou

Spinat à la pescadou – auf Fischer Art

ZUTATEN FÜR 6 PERSONEN

ARBEITSAUFWAND
15 MINUTEN

GARZEIT
8–10 MINUTEN

2 kg Spinat	50 g schwarze Oliven
20 cl Olivenöl	Kräutersauce mit gehackter Peter-
6 eingesalzene Sardellen-Filets	silie, Knoblauch und Schalotten

Den Spinat von den Strünken befreien, die Blätter waschen. Mit ein wenig Olivenöl in einer Pfanne kurz anbraten, sodass die Blätter ihre Festigkeit behalten, in einer Schüssel aufbewahren. In derselben Pfanne mit etwas weiterem Olivenöl die von sämtlichen Gräten befreiten und gut gewaschenen Sardellen-Filets, die gehackten schwarzen Oliven und die Persillade (hausgemachte oder fertig gekaufte Mischung von Petersilie, Knoblauch und Schalotten) erhitzen und zu einer zähflüssigen Sauce verrühren, die mit etwas Wasser abgelöscht werden sollte.

Die Spinatblätter hinzufügen, nochmals erhitzen und umgehend servieren.

Diese Gericht ist schon pur eine Köstlichkeit, eignet sich aber auch als Beilage zu Eierspeisen oder als Belag für geröstetes Brot.

Délice aux fraises et à la menthe
Gebackene Köstlichkeit mit Erdbeeren und Minze

ZUTATEN FÜR 6 PERSONEN

6 Esslöffel Mehl

6 Esslöffel Zucker

3 Eier

1 Päckchen Vanillezucker

1 Päckchen Backpulver

1/2 Glas Milch

300 g Erdbeeren (oder Himbeeren)

eine Hand voll Pfefferminzblätter

20 g Butter

ARBEITSAUFWAND
20 MINUTEN

GARZEIT
40 MINUTEN

Mehl, Eier, Zucker und Backpulver mit einem Schneebesen verrühren und die Milch hinzufügen, ohne dass der Teig allzu flüssig wird. In eine gebutterte Form geben und mit den gewaschenen, eventuell halbierten Beeren belegen, mit den Minzeblättern und Butterflöckchen bestreuen.

Im Ofen bei 180 °C (Stufe 6) 40 Minuten backen.

Henriette und Pierre Chiesa

Zauberhafte Olivenhaine
im Hinterland von Nizza

In den Augen Olivier Baussans kommt das Château du Vignal im Hinterland von Nizza in seiner Bedeutung den ganz großen Landgütern in der Toskana nahe. Baussan ist eine anerkannte Autorität in Sachen Olivenöl. Er schätzt Henriette und Pierre Chiesa-Gautier-Vignal als äußerst geduldige und aufmerksame Produzenten eines Olivenöls von feinem, erlesenen Geschmack und dem köstlichen Duft von Mandeln und Haselnüssen. Schon seit Generationen wird auf dem Gut Olivenöl hergestellt, doch bevor Pierre es 1970 übernahm, lag der Betrieb rund dreißig Jahre brach. Die Vorfahren hatten hier nahezu autark gelebt und vor allem Nahrungsmittel für den eigenen Gebrauch angebaut. Pierre dagegen begriff die Notwendigkeit, sich auf ein Hauptanbauprodukt zu beschränken, und man entschied sich, Weinstöcke und den Gemüsegarten durch Olivenbäume zu ersetzen – eine Aufgabe, an deren Umsetzung Henriette und Pierre Chiesa beide aktiv teilhatten.

Außerdem bemühten sie sich um eine Verschönerung der Umgebung. Die Olivenbäume der Sorte »Cailletiers« sollten schließlich neben ihrer produktiven Funktion zugleich eine dekorative übernehmen.

Einige der Baumreihen führen fächerförmig vom Château weg. So sind die Olivenbäume integrativer Bestandteil des großen Landschaftsgartens mit klaren Linien, dem aber auch eine gewisse romantische Verspieltheit nicht abgeht. Hier wachsen auch verschiedene Zitrusfrüchte und wunderschöne alte Rosen.

Auf rund 400 Metern über dem Meeresspiegel liegt das Anwesen inmitten eines weiten Tals, das mit seinen für die Landschaft der Provence so charakteristischen terrassierten Hängen fast an ein Amphitheater gemahnt. Das stark abschüssige

Poetische Gärten

In der ausgreifenden Landschaft liegen einige idyllische Winkel versteckt – etwa der Bois sacré, der »heilige Wald«, ein gänzlich von wilden Veilchen überwachsener Steinbruch; der Conseil, der »Rat«, bestehend aus einem verwitterten Tisch und einer Bank aus Stein, die sich unter einem wuchernden Bewuchs aus Moos und Farnkraut, den kleinen

Gelände des Gutes selbst wird auf halber Höhe durch eine Reihe riesiger Zypressen geteilt, die ihre imposante Wirkung trotz des Verlustes einiger Bäume während der letzten Bergstürme nicht eingebüßt hat.

Die Talsohle ist mit Kirschbäumen, Pappeln und Amberbäumen bewachsen, deren Laub besonders im Frühjahr und im Herbst in warmen Farben leuchtet.

Blättern eines kriechenden Feigenbaum *(Ficus pumila)* und mehrjährigen Geranien verbergen; oder das Rendezvous des Astronomes, der »Treff der Astronomen«, eingefasst von einer Hecke stark duftender Orangenblumen *(Choisya ternata);* nicht zu vergessen die kleine Kapelle gegenüber dem Haus, die von Mermaid-Rosen üppig überrankt wird.

Der Mittelpunkt des Gartens besteht aus vier kleinen Terrassen, auf denen sich Rosen, Sträucher und andere ausgesuchte Dauerpflanzen drängen.

Man betritt diesen Ort durch einen mächtigen Bogen, der mit einer wunderschönen *Rosa laevigata* berankt ist, und je nach Jahreszeit von den blauen Blüten der immergrünen, kriechenden Säckelblume, von Katzenminze oder Blauraute (Perovskia) eingerahmt wird.

Eine rustikale, mit winterharten Bodendeckern begrünte Treppe führt hinunter zu einem wilden Wäldchen aus Erdbeerbäumen, Cistrosen, Buchs-

Die Farben Nizzas

Das Château liegt etwas außerhalb der Talmitte und ist ein von allen Seiten augenfälliger Blickpunkt. Einige Gebäudeteile wurden bereits im 12. Jahrhundert errichtet, doch das heutige Ensemble stammt aus dem 19. Jahrhundert und ist unlängst einer grundlegenden Restaurierung unterzogen worden. Die in den für Nizza typischen Farbtö-

baum und Steineichen. Diese naturnahe Flora stärkt die Bedeutung eines der aufstrebenden Exoten, wie hier einem Kampferbaum oder dort einem seltenen Styrax… Doch im Grunde herrscht in diesem Garten eine würdige Ursprünglichkeit, die zu einer Hommage an die hiesige Landschaft gereicht. Darüber hinaus erblickt man allenthalben die Olivenbäume, deren dauerhaft grünes Blattwerk dem Maler Auguste Renoir »bei grauem Himmel traurig, bei Sonne klar und gesättigt und im Wind wie versilbert« vorkam.

nen Orange und Ocker getünchten Mauern kosten ihre warme, lichte Wirkung inmitten dieser halbwilden Landschaft aus, die vom Widerstreit der hoch aufragenden düsteren Zypressen mit dem matten Grün der Oliven geprägt ist. In kräftigen Farben gestrichene Hauswände erinnern uns daran, dass wir uns hier im erst seit 1860 zu Frankreich gehörenden, einstigen Königreich Savoyen befinden. Als der englische Schriftsteller Tobias Smollet in den 60er-Jahren des 18. Jahrhunderts in Nizza überwinterte, machte er die Erfahrung, dass sich seine Bewohner in Gesellschaft von Franzosen brüsteten, aus der Provence zu stammen. Waren sie dagegen in Florenz, Mailand oder Rom, ließen sie sich lieber als Italiener ansprechen. In den so genannten guten Familien sprach und spricht man jedenfalls beide Sprachen fließend. Die Vignals sind zweifellos stark italienisch geprägt, während die Chiesas Kosmopoliten waren und damit in Frankreich, der Schweiz, den deutschsprachigen Ländern und Italien gleichermaßen zu Hause. Pierre ist denn auch als »Piero« getauft und hat vor seinem Ruhestand auf dem Gut Vignal in Italien Karriere gemacht. Noch heute ist er ein Bewunderer der enormen Leistungsfähigkeit von italienischen Wein- und Olivengütern.

Eine Küche mit italienischem Einfluss

Italien und Frankreich streiten auch in der Küche der Chiesas um die Vorherrschaft. Henriette erinnert sich, dass sie zu Zeiten ihrer Verlobung mit Piero ihrem Zukünftigen gestehen musste, sich überhaupt nicht in der Küche auszukennen. Er dagegen fand alles so leicht: »Du machst einfach ein getrüffeltes Masthühnchen oder dünstest einen Wolfsbarsch...« Ob Piero so etwas wirklich schon einmal selbst zubereitet hatte? Heute, nach all den Jahren, bekennt sie sich zu ihrer Vorliebe für die schlichte Küche Italiens und gibt zu, die aufwändige, französisch inspirierte Küche gerne ein wenig zu vernachlässigen. Ihr gefallen die Farben und die kräftigen Aromen der mediterranen Küche: »Beim italienischen Festin des Fous isst man gegrillte Röhrenpilze pur, nur mit ein bisschen Olivenöl: Es gibt nichts Schmackhafteres auf der Welt! Einfach so gegrillt, mit den Spuren des Grillrostes an der Unterseite – das ist wirklich köstlich.« Als Dame des Hauses war es Henriettes Aufgabe, Köchinnen und Köche anzulernen, und so wusste sie glücklicherweise immer jemanden an ihrer Seite, doch gerade anfangs hatte so mancher dieser Helfer schlichtweg keine Ahnung... Gerne führt Henriette

bei diesen Gelegenheiten ihre Alltagsgerichte ein. Sie liebt Suppen und Brühen und erfindet unendlich viele Variationen, die vorzugsweise auf Gemüse und nicht so sehr Fleisch basieren. Daneben kümmert sich Henriette Chiesa auch um die Einkäufe. Die täglichen Posten werden im nächsten Supermarkt besorgt, wo man, wie sie sagt, sehr gut bedient wird. Doch wenn sie einmal etwas Besonderes braucht, geht sie nach Nizza auf den Markt. Dort bekommt sie exzellente Ware und erfährt zugleich den Reiz eines Schauspiels von unvergleichlicher Schönheit. Allerdings kommt der Weg vom Hinterland an die Küste fast schon einer kleinen Expedition gleich. Zum Glück gibt es Marguerite, die Frau eines alten Gärtners, die seit zehn Jahren sozusagen zum Haushalt gehört, weiter unten wohnt und wunderbares Gemüse anbaut. Sofern sie gerade erntet, bringt sie jede Woche zwei Körbe hinauf. Sie hat die besten Tomaten, Melonen und ganz zarte, wirklich exquisite Himbeeren. Im Gegenzug bringt Henriette ihr italienisches Saatgut mit. Wenn sie außer Haus etwas Vergnügliches entdeckt, weiß sie, dass es auch Marguerite gefallen wird. So haben sich die ersten Cherry-Tomaten, die sie ihr brachte, zu einem wahren Renner des Château du Vignal entwickelt!

Henriette und Pierre Chiesa sind immer bereit, amüsante oder poetische Entdeckungen zu machen und andere daran teilhaben zu lassen. Ertragreich und üppig wie ihr Olivenöl ist auch ihre Küche, und beide möchten alle Köstlichkeiten mit anderen teilen. Seit Jahren sammelt Henriette Kochbücher und Rezepte; einige hat sie in Antiquariaten aufgetan, wie etwa kürzlich in Basel eine Ausgabe des *Grand Dictionnaire de Cuisine* von Alexandre Dumas. Andere – handgeschriebene – erhielt sie von verschiedenen Tanten. Das Rezept des Vitello tonna bekam sie von einer sizilianischen Freundin, das des Tian (ein Gratin) von einem französischem Gourmet. Viele haben sich längst auf dem alltäglichen Speisezettel etabliert und rufen mit ihrem Geschmack die kraftvolle Sonne des nahen Italiens, den Garten von Marguerite und die Olivenhaine von Vignal in Erinnerung...

Vitello tonna oder Veau au thon
Kalbfleisch mit Tunfischsauce

Zutaten für 6 Personen

ARBEITSAUFWAND
40 MINUTEN

GARZEIT
2 STUNDEN

1 kg Kalbsfleisch aus der Nuss, gebunden	1 Eigelb (Raumtemperatur)
1 Esslöffel Olivenöl	1 Prise Salz
1 große Karotte	2–3 Esslöffel frisch gepresster Zitronensaft
1 Stange (Bleich-)Sellerie	1 Esslöffel Weißwein-Essig
1/2 Zwiebel, gehackt	1 Dose Tunfisch in (Oliven-)Öl
1 großes Glas Weißwein	1/2 Esslöffel Kapern
1 Lorbeerblatt	
Salz, gemahlener Pfeffer	Für die Garnitur:
	1–2 Zitronen, in feinste Scheiben
Für die Mayonnaise und die Sauce:	geschnitten, gehackte Petersilie und
2–5 dl Olivenöl	einige Kapern

Das gebundene Fleisch in Olivenöl wenden und von allen Seiten scharf anbraten. Die Karotte, den Sellerie und die Zwiebel hinzufügen und mit Salz und Pfeffer abschmecken. Den Wein und soviel Wasser hinzufügen, dass das Fleisch drei viertel bedeckt ist, das Lorbeerblatt hinzugeben. Zum Kochen bringen, zugedeckt auf kleiner Flamme etwa 2 Stunden köcheln lassen, hin und wieder den Schaum abschöpfen. Schließlich das Fleisch herausnehmen und abkühlen lassen. Für die Mayonnaise das Eigelb mit dem Schneebesen cremig schlagen. Eine Prise Salz hinzufügen und eine Minute lang rühren, dann unter weiterem Rühren tropfenweise soviel Öl hinzufügen, bis die cremige Masse eine blass-gelbe Farbe annimmt. Nun den Zitronensaft und das restliche Öl unterrühren. Mit Essig und Salz abschmecken.

Für die Tunfischsauce eine Tasse der Mayonnaise mit den Kapern und dem Tunfisch im Mixer vermengen und bis zum Erhalt der richtigen Konsistenz weiterrühren. Die restliche Mayonnaise hinzufügen, bis die Saucenmenge ausreicht, das gesamte Fleisch zu bedecken.

Das erkaltete Fleisch in sehr dünne Scheiben schneiden. Eine Servierplatte mit etwas Sauce ausstreichen, darauf die Fleischscheiben auslegen und mit der Tunfischsauce übergießen. Mit den Zitronenscheiben, einigen ganzen Kapern und der Petersilie garnieren. Vor dem Servieren einige Stunden kalt stellen.

Tian de légumes du jardin
Gemüsegratin

Zutaten für 4 Personen

ARBEITSAUFWAND
25 MINUTEN

GARZEIT
25–40 MINUTEN

5 Tomaten	20 dl Olivenöl
2 Zwiebeln	Salz und Pfeffer
5 kleinere Zucchini	

Das Gemüse in nicht zu dünne Scheiben schneiden. In einer flachen Auflaufform abwechselnd die Tomaten, Zwiebeln und Zucchini zu einer Lage schräg aufeinander schichten. Salzen, pfeffern und großzügig mit Olivenöl beträufeln. Im Ofen bei 200 °C (Stufe 6) je nach Größe des Gemüses 25–40 Minuten garen lassen.

Laurette und Élie Alexis

Pflanzenkunde
und volkstümliches Erbe
im Département Var

Die Gartenanlage »Les Rocailles« gemahnt an eine Art Museum der traditionellen bäuerlichen oder ländlichen Kultur. Nördlich von Toulon in dem Weiler La Roquebrussane gelegen, entstand sie als eine Schöpfung des bäuerlichen Philosophen Élie Alexis, der dort von 1932 bis zu seinem Tod im Jahre 1989 nahezu in Autarkie lebte. Alexis war der Auffassung, dass »jedes Klima, jeder Boden seine Eigenarten und damit die Möglichkeiten besitzt, den Menschen zu ernähren, wenn dieser bereit ist, im Einklang mit seinem Land zu leben«. Der versierte Botaniker pflanzte eine bewundernswerte Auswahl an Früchten und Gemüse, darunter uralte Sorten, berücksichtigte aber auch die lokal besonders vielfältige Flora und schließlich einige exotische Gewächse. Vor allem haben er und später seine Witwe mannigfaltige Kakteenarten zusammengetragen. Für Laurette waren diese Pflanzen, die Monate lang ohne einen Tropfen Wasser auskommen konnten, die sich einzurichten wussten, Symbole der Enthaltsamkeit. Und so finden sich in ihren Ausführungen zum Werk des verstorbenen Ehemannes immer wieder die Gegensätze »spärlich, karg« und »kraftvoll, stark.«
Der Garten wird momentan von einem Verein verwaltet, dessen Präsidentin, die örtliche Bibliothekarin Nicole Manéra, eng mit Laurette Alexis zusammenarbeitet.

Inzwischen haben sich verschiedene jüngere Mitarbeiter an den ehrenamtlichen Arbeiten zum Erhalt des Erbes von Élie Alexis beteiligt. Zuletzt handelte es sich mit Jean-Laurent Felizia um einen überaus fähigen Landschaftsarchitekten, den ehemaligen Gärtner der Domaine du Royal, die in unmittelbarer Nähe zu finden ist. Gleichzeitig kam es zu einer fruchtbaren Kooperation der »Amis des Rocailles« (Freunde der Steinböden) mit den »Amis de la Cuisine provençale«, einer rein aus Damen bestehenden Vereinigung zur Bewahrung der regionalen kulinarischen Traditionen. Hier wie auch sonst achtet man Élie Alexis als den Verfechter einer im Verschwinden begriffenen Volkskultur, der altes Werkzeug, Methoden und Techniken, aber auch alte Pflanzenarten und damit ganze Ökosysteme bewahrte. Gleichzeitig trat er als fortwährender Erneuerer und Erfinder auf.

So bastelte er sich einen Feigenpflücker aus einer Angelrute und erdachte einen anderen Pflücker, mit dem auch die Früchte hoch oben im Baum zu erreichen waren, aus einer alten Konservendose.

In Harmonie mit der Natur

Essen bedeutete Élie Alexis nach Aussage seiner Witwe Laurette weit mehr als die Nahrungszubereitung anhand einer Sammlung von Rezepten, sondern vielmehr eine Art Übereinkunft gegenseitiger Verpflichtung mit der Erde. Aufgewachsen in den zwanziger Jahren, war ihm und seiner Familie längst nicht jeden Tag eine Mahlzeit sicher. Seine ersten Erfahrungen mit der Herstellung von Essbarem machte er mit einem ihm überlassenen Bienenvolk, für das er eigenhändig einen Bienenstock baute und diesen auf gepachtetem Land aufstellte. Der Gewinn aus dem Verkauf des Honigs und seine Einkünfte als Tagelöhner ermöglichten ihm bald den Kauf eines kleinen Stücks kargen Bodens, ein sehr abschüssig gelegenes Land, das sich nur unter größten Schwierigkeiten bewässern

ließ. Die uralten Terrassen waren mit Brombeer-gestrüpp überwuchert, aus dem hier und da ein uralter Olivenbaum herausragte. Élie Alexis verwandelte dieses Stück Land in einen experimentellen Nutzgarten, unter anderem mit einer gemischten Einsaat von Linsen und Kichererbsen. Außerdem pflanzte er stark duftende Gewächse, um die Bienen anzulocken, aber gleichzeitig auch sein Auge zu erfreuen, was ihm schon damals viel bedeutete. Dann ergab sich die Gelegenheit, das Terrain unterhalb des Gartens zu erwerben und dort in eigener Hände Arbeit ein 50-Quadratmeter-Haus mit Zisterne und Kamin zu errichten.

Kakteen im Steingarten

Damals, in den dreißiger Jahren, machte Élie Alexis Bekanntschaft mit den Gebrüdern Jahandiez, ihres Zeichens Spezialisten für Sukkulenten und ansässig in Caiqueranne. Sie spannten ihn sogleich als Ratgeber und Führer der lokalen Pflanzenwelt an. Später begann er unter ihrem Einfluss mit tausenden von einzelnen nach Farbe und Form ausgesuchten Steinen, die er auf seinem eigenen Land gesammelt und mit der Schubkarre zusammengetragen hatte, seinen ersten Steingarten anzulegen. Heute nimmt dieser noch immer den stark abfal-

lenden Südhang ein, während sich der botanische Garten mit all den Bergblumen östlich des Hauses erstreckt. Élie Alexis hat ihn über die Jahre mit immer weiteren Arten vervollständigt und stets mit scharfem Auge beobachtet. So entdeckte er dort die Schleifenblume *(Iberis saxatile),* die normalerweise auf 800 Metern über dem Meeresspiegel wächst und im April zu blühen beginnt, während sie dies in seinem Garten schon ab Januar tut.

Mit jedem Jahr des Eremitendaseins wuchs sein Erfahrungsschatz. Der Maler Pascalet machte ihn mit den Aquarell-Techniken vertraut, und so schmückte er bald seine Wände mit eigenen Werken; ein Priester rettete ein Harmonium aus einer leer stehenden Bergkapelle und brachte es in tausend Einzelteilen zu Élie, der es wieder zusammensetzte und darauf zu spielen lernte. Élie verehrte die Musik, der er Dank seines Grammophons immer näher kam.

Während des Zweiten Weltkriegs freundete er sich mit Flüchtlingen aus Paris an, unter denen sich auch ein Professor der Geologie sowie die Psychoanalytikerin Françoise Dolto befanden. Er wandelte sich zum Anhänger des Friedensphilosophen Lanza del Vasto und wurde zum Pazifisten – so wie der Schriftsteller Jean Giono, der ihm einst Besuche abgestattet hatte. Giono erklärte ihm damals, dass Alexis' Schöpfungen ihm wie »angewandter

Giono« vorkommen, worauf dieser entgegnete, dass Gionos Tun »theoretischer Alexis« sei. Dieser Alexis hatte sich seine Stacheln bewahrt.

Mit 53 heiratet er… Laurette war soeben aus den Kolonien heimgekehrt und bestand darauf, ihr eigenes Haus im Dorf zu bewohnen. Dass sie dort Strom installieren ließ, hätte für Élie als Scheidungsgrund ausreichen können, doch schließlich nahm er es hin. Er besuchte sie täglich zum Mittagessen, brachte ihr ein Kaninchen oder ein paar Eier. Sie dagegen achtete darauf, dass sich in dem Salat, den er bei ihr zu essen bekam, immer ein paar Blätter der von ihr gepflückten Wildpflanzen befanden, denn ihr Mann legte besonderen Wert auf diese Huldigung an die Natur. Laurette erinnert sich, dass Élie niemals auch nur einen Pilz pflückte, ohne sich die gesamte Entwicklung der Pilze in Erinnerung zu rufen und darüber zu spekulieren, mit welchen Arten man ihn nicht verwechseln durfte, ob er sich trocknen ließ, ob er besser mit oder ohne Sauce schmeckte oder man ihn am besten in heißem Fett briet – so ein Pilz war schließlich eine Welt für sich!

Der experimentelle Nutzgarten

In seinem Garten pflanzte Élie ausschließlich genügsames Gemüse, das mit einem Minimum an Wasser auskam. Andere Arten wie etwa die Tomaten kamen in die Beete von Ehefrau Laurette, weil dort die Möglichkeit zur Bewässerung bestand.

Der alte Küchengarten von Élie Alexis ist mittlerweile wieder gut in Schuss, was man von dem Safranbeet noch nicht behaupten kann, auf dem der spezielle Herbst-Krokus wächst, dessen Pollen das wertvolle Gewürz hergeben. Im Obstgarten von Élie standen nicht weniger als 15 Feigenarten und ebenso viele verschiedene Apfelbäume, darunter vor allem die zwergwüchsigen Sorten, die an die für Berghänge charakteristische Trockenheit angepasst waren. Alexis experimentierte auf seinem Boden auch mit Erdbeerpflanzen, denn schließlich zählte ein Teller voll Walderdbeeren zu seinen Lieblingsspeisen. Mit seinem Garten setzte er sich für den Erhalt alter Kulturpflanzen und – damals geradezu als Pionier – für die Artenvielfalt ein. Seine Maxime »Jeder hat das Recht, der oder das zu sein, was er ist. Jeder hat das Recht, anders zu sein« bezieht Laurette auch auf die menschliche Spezies.

Im Winter ernährte sich Élie von getrocknetem Gemüse, wie man es heute nur noch in den Geschäften der Nordafrikaner findet. Obst wurde eingeweckt oder auf die jungen Triebe, die unter den Olivenbäumen wuchsen, gespießt und dort getrocknet. Auf diese Weise konnte Élie bis Weihnachten noch Weintrauben »pflücken« ohne je zu darben.

Die Pflege und Weitergabe von Traditionen und das Experimentieren gehörten in den Augen des Élie Alexis zusammen wie zwei Zweige eines Baumes und zählten zu jenen Grundsätzen, die sich nicht nur in der Küche, sondern ganz allgemein in allen Bereichen des täglichen Lebens anwenden ließen. Sein ganzes Leben lang hat er sich um die Früchte des Erdbeerbaumes bemüht, jene roten, körnigen Beeren, die die wilden Erdbeerbäume im Dezember tragen, während sie gleichzeitig niedliche maiglöckchenähnliche Blüten ausbilden. Doch weder als Mus noch im Früchtebrot mochten sie ihm schmecken, und so überließ er sie den Vögeln.

Élie verabscheute jene »Gesellschaft der Händler«, die seinerzeit mit der Industrialisierung der Landwirtschaft heranwuchs, und seine Anhänger versuchen, seine Art des Zusammenlebens von Mensch und Natur am Leben zu erhalten. Die »Amis des Rocailles« schätzen den Wettstreit mit den »Amis de la Cuisine provençale«, bei dem so raffinierte Gaumenfreuden wie die einst in der kleinen Ortschaft Roquebrussanne beliebten Artischocken-Krapfen, das Aïado de veau, der Braten mit Sardellen, ein Hähnchen mit Oliven oder kleine Bratspieße mit Pfefferkraut den Speiseplan zurückerobern.

Vin de myrte,
»liqueur des amahts heureux«

Myrthenlikör oder Likör für glücklich Verliebte

Zutaten

1 Liter reiner Alkohol	Myrthen (ausreichend,
4 Liter Rosé-Wein	um eine Literflasche
1 Liter Zucker-Sirup	zu füllen)

Die Beeren einen Monat lang in reinem Alkohol einlegen. Die Flüssigkeit filtern, mit dem Wein und dem Sirup zusammenschütten und das Gemisch auf Flaschen ziehen. Vor dem Genuss ein bis zwei Wochen stehen lassen.

Brochettes de porc
à la sarriette à l'ancienne

Schweinespießchen nach dem Rezept von Madame Caulet,
Mitglied der »Amis de la Cuisine provençale«

Zutaten pro Person

ARBEITSAUFWAND
15 MINUTEN

GARZEIT
15–20 MINUTEN

1–2 Scheiben Grillfleisch	2 Zweige Pfefferkraut
ebenso viele Scheibchen	10 cl Olivenöl
Emmentaler	Salz, Pfeffer

Das Schweinefleisch salzen. Jedes mit einem Scheibchen Käse belegen, einrollen und zusammen binden. Nochmals leicht salzen, mit Olivenöl beträufeln und in den abgezupften Blättchen vom Pfefferkraut wenden. Mehrere dieser Röllchen auf ein Holz spießen und für etwa 15–20 Minuten im Ofen backen, oder, was noch besser schmeckt, auf einem Holzkohlefeuer grillen.

Crème de soin à la lavande

Lavendel-Pflegecreme

Eignet sich hervorragend zur Behandlung von Frostbeulen.
Élie stellte sie außerdem für die Maurer der Region her, die oftmals an Hühneraugen litten.

Zu gleichen Teilen Olivenöl und Bienenwachs erhitzen, bis sie schmelzen. Zur Probe taucht man einen Holzlöffel in die Masse, die dann zähflüssig abtropfen sollte. Mit Lavendel-Essenz vermischen, in Weckgläser füllen.

Traditionelle

Familienrezepte

Nicole Martin-Raget

Von der Mutter an die Tochter
weitergegeben –
Rezepte aus den Alpilles

Nicole und Jacques Martin-Raget unterhalten seit mehr als 30 Jahren einen großen Garten, der zwischen Saint-Rémy und Tarascon gelegen ist. Frisch verheiratet – damals lebten sie in Arles –, hegten sie den Wunsch, am Wochenende aus der Stadt herauszukommen und erinnerten sich dieses Hauses aus dem Jahre 1830, das sich seit Generationen im Besitz der Familie von Jacques befand. In jener Zeit war das Anwesen zu Teilen von einem Bauern bewohnt, der es dort mit dem Anbau grüner Bohnen zu einiger Bekanntheit gebracht hatte, und so teilten sich Nicole und Jacques Martin-Raget in der ersten Zeit das Haus mit dem Bauern. Mit zunehmendem Alter überließ er den beiden immer mehr Land, auf dem Nicole verschiedene Gärten anlegte. Heute ist das Haus von einer ganzen Reihe verschiedener magischer Orte umgeben, die jeweils ihren ganz eigenen Charakter besitzen: der von einem lang gestreckten Beet mit Rosen der Sorte Fairy, exotischen Sträuchern und Salbei eingefasste Wassergarten; der halbschattige Hortensiengarten; der hinter einer mit Banks-Rosen berankten Pergola versteckte Olivenhain; die kleinen, mit Mehrjährigen überwucherten Terrassen gegenüber; ein um einen alten Brunnen angelegter Schattengarten und schließlich der Rosengarten mit seiner farbenfrohen Blütenpracht.

Den Hügel aufwärts stößt man auf anmutige, in Rautenform angelegte Kräuterbeete und ein Pinienwäldchen mit einem Wasserfall und kleinen Formgehölzschnitten, den so genannten Topiaires. Vor dem etwa einen Hektar großen Garten, der vor dem Haus leicht ansteigt, verliert sich die Landschaft in den Bergen und lockt zu herrlichen Spaziergängen und Erkundungen.

Die vier Kinder des Ehepaars haben all ihre Ferien auf »Grès«, was soviel wie Sandstein bedeutet, verbracht, und kennen jeden noch so verborgenen Winkel in der nach Thymian und Rosmarin duftende Hügellandschaft. In den letzten zehn Jahren haben allerdings die Pinien immer mehr Raum eingefordert – und die Lamas, die so manches Mal vom Grundstück des Nachbarn entwischen. Die Kinder des ehemaligen Bauern bewohnen noch immer den größten Teil des Mas und beanspruchen auch den Gemüsegarten. Ihre Kinder wiederum sind mit den Kindern der Martin-Ragets befreundet, und in den Gärten verteilen sich allerlei Spielzeug, Fußbälle und Schaukeln der Enkelkinder. Trotz all ihrer familiären Aktivitäten nimmt Nicole so manche Gelegenheit wahr, weitere seltene mediterrane Pflanzen zusammenzutragen, für die sie den Weg selbst zu den entlegensten Märkten nicht scheut, ohne dabei die exzellenten Baumschulen und natürlich die regionalen Pflanzenschauen zu vergessen.

Alte Familienrezepte

Nicole entstammt einer Familie von Feinschmeckern und Köchen. Ihre Mutter, beide Großmütter und selbst die Großtante waren für ihre exquisite Küche berühmt! Ihre Mutter besaß ein Heft mit Rezepten, das Enkelin Céline nun für jede ihrer Schwestern abschreibt. Die Töchter von Nicole wenden sich noch heute Hilfe suchend an ihre Mama und fragen, wie man dieses oder jenes zubereitet und wie lange das eine oder andere Gericht braucht... Und die Männer der Familie? Einige von ihnen hatten so ihre Spezialitäten, so waren der

Großvater und der Vater für ihre Bouillabaisse berühmt. Letzterer hatte auch das ganze Jahr hindurch eine Schüssel mit geschmorten Lamm- oder Hammelfüßen – Pieds et Paquets – auf dem Holzofen in der Küche stehen. Dieses Regionalgericht hatte Nicole nicht gekannt, wohl aber schon einmal davon gehört. Männer, die nur hin und wieder kochen, brauchen ihrer Meinung nach »mindestens drei Frauen im Hintergrund«. Zu den begabten und erfolgreichen Frauen der Familie zählt im Übrigen auch die Bildhauerin Germaine Richier. Der Vater von Nicole war Agraringenieur, und sie verbrachte ihre Kindheit auf einem Weingut in der Camargue. Man ging dort viel und gerne auf die Jagd, doch dass man die Schnepfen abhängen ließ, war der Tochter überhaupt nicht angenehm. Noch heute ist es für sie das Schönste, zu Weihnachten eine Wildschweinkeule in den Ofen zu schieben. Daneben gab es in ihrer Kindheit jede Menge geschossener Wasservögel und natürlich Fisch zu essen, und Seewolf mit Fenchel gehörte zu den Klassikern der Familie! Nicole erinnert sich gerne an eine sehr liebe Freundin, ebenfalls eine exzellente Köchin, und gerät ins Schwärmen. Doch dann fängt sie sich und ruft sich ins Gedächnis, dass es bei ihnen beileibe nicht immer derartige Delikatessen gab.

Eine dynamische Lebensweise

Nicole besitzt eine ganze Bibliothek mit Gartenbüchern, Kochbücher gibt es dagegen nur sehr wenige. Seit sie als ganz junge Frau heiratete, hat sie vor allem die Rezepte aus der Zeitschrift »Jardins de mode« in ihre Küche aufgenommen. Eine ganze Epoche umfasst ihre Sammlung! Heutzutage sind ihre Kinder allesamt im Bereich der Kommunikation beschäftigt, wo sie sich für die ihnen vertraute Kultur der Provence einsetzen, die ihnen sozusagen mit in die Wiege gelegt worden war. Was durchaus wörtlich zu verstehen und nicht zuletzt an dem »römischen Profil« der Frauen festzumachen ist, für deren Schönheit die Gegend um Arles seit ewigen Zeiten berühmt ist.

Nebenbei sei erwähnt, dass Nicole und Jacques Martin-Raget einst einmal gemeinsam für eine Feinschmecker-Sendung des englischen Fernsehens in der Küche gestanden haben. Es ging um die Erkundung der Provence, und das Kamerateam war mit ausgesuchter Höflichkeit, Lebensfreude und Geduld aufgefordert worden, einem Familienfest beizuwohnen.

Jacques briet am Drehspieß des Kamins eine Lammkeule, und Nicole zauberte ihren Zucchini-

Auflauf. Die Enkel standen hinter den Türen und drückten sich die Nasen platt, ihre Eltern filmten wiederum die Kameraleute. Schließlich bemerkten die Toningenieure, dass die Aufnahmen misslungen waren, und die Keule musste ein zweites Mal auf den Grill: Für das Festessen war sie damit verloren, aber was machte das schon. Es gab schließlich noch einen dritten Versuch und dann, genau zum falschen Zeitpunkt, den fragenden Anruf der Schwester, ob alles gut geglückt sei. An jenem Tag musste sich die Familie ohne die Großeltern zu Tisch begeben, die noch stundenlang mit dem Fernsehteam in der Küche festsaßen. Dieses verabschiedete sich schließlich ohne jeglichen Dank, ließ sich aber noch ausführlich den Weg nach Monaco erklären, wo es im Hôtel de Paris erwartet wurde...

Zu den Familienfeiern, die gemeinhin in Grès stattfinden, kommen oft vier Generationen zusammen. In einem Jahr machten die Kinder ihrer Mutter ein besonderes Geschenk: Sie besorgten ihr für den Sommer eine Köchin! Diese kannte die Familie bereits sehr gut und sollte nun zweimal am Tag für die 25 Leute kochen. Doch die Küche ist klein, und Nicole hat so ihre Gewohnheiten. Während der großen Hitze im Sommer bereitet sie das Essen oft schon am Abend zuvor – lassen sich doch viele provenzalische Gerichte ebenso gut kalt genießen.

Was die Einkäufe betrifft, so gibt es das beste Gemüse auf den Märkten in Saint-Étienne-du-Grès und Arles, das Fleisch besorgt Nicole in den Schlachtereien von Arles oder Saint-Rémy, der Grundstock der Lebensmittel stammt aus dem Supermarkt. Beim Wein gibt Jacques den Ton an: Seine Favoriten sind der Côtes du Rhône aus Vacqueyras am Mont-Ventoux oder kommen vom Mas de Sainte-Berthe aux Baux. Wenn sich gegen Mittag die Großfamilie an dem riesigen Holztisch auf der Terrasse vor dem Haus versammelt, beginnt die leichte Brise von der Camargue heraufzuwehen.

In der schon etwas veralteten Küche zubereitet, werden die Klassiker der Provence aufgetragen: gebackene Auberginen – Aubergines en caton –

Tunfisch-Chartreuse – Le thon en chartreuse – oder andere, ebenso leichte, äußerst delikate und saisongerechte Gerichte. Es gibt wohl kaum eine zweite provenzalische Sippe, in der die Familientraditionen mit so viel Natürlichkeit und guter Laune fortgesetzt werden.

Pure Nostalgie ist das keineswegs, denn Nicole Martin-Raget ist mit ihren siebzig Jahren eine durch und durch moderne Frau, die neben ihren vielfältigen Aufgaben in Haus und Garten jeden Tag am Computer sitzt und ihre E-Mails abruft und beantwortet.

Alles dies ist der Ausdruck einer überaus lebendigen und von ihrer Familie hochgeschätzten Lebensart.

Gratin de courgettes
Zucchini-Auflauf

ZUTATEN FÜR 4 PERSONEN

ARBEITSAUFWAND
25 MINUTEN

GARZEIT
35–40 MINUTEN

8–10 kleine Zucchini	2–3 Eier
20 dl Olivenöl	1 Esslöffel Crème fraîche
Fenchelsamen	grobkörniges Salz,
Thymian, Lorbeer, Basilikum,	frisch gemahlener Pfeffer

Die Zucchini von ihrer Haut befreien. Den Boden eines Schmortopfes mit Olivenöl bedecken, auf halber Flamme mit den groß gewürfelten Zucchini aufsetzen, salzen und pfeffern, die Kräuter und die Fenchelsamen (im Winter etwas Anis) hinzugeben.

Sobald die Zucchini bissfest geschmort sind, das Gemüse im Mixer zerkleinern und mit den Eiern und bei weiterem Flüssigkeitsbedarf zusätzlich mit der Crème fraîche verrühren.

In eine flache Auflaufform geben und bei 180 °C (Stufe 6) backen, bis die Masse die Konsistenz eines Soufflés annimmt.

Tarte au citron
Zitronentorte

ZUTATEN FÜR 6 PERSONEN

ARBEITSAUFWAND
30 MINUTEN

GARZEIT
35–40 MINUTEN

300 g Mehl	1 dl Wasser
200 g Zucker	2 Zitronen
1 Prise Salz	2 Eier
150 g Butter	Butter für Butterflöckchen

Mit dem Rührer einen Teig aus dem Mehl, dem Salz, einem Teelöffel Zucker und der Butter kneten, bis die Masse nach Butter duftet. Etwas Wasser hinzugeben, bis sich der Teig zu einer Kugel formen lässt: Je weniger Wasser man hinzugibt, desto besser wird der Teig. So dünn wie möglich ausrollen, ein rechteckiges Backblech damit auslegen.

Die beiden Zitronen klein schneiden, die Kerne entfernen, im Mixer grob zerkleinern, den Zucker und schließlich die beiden Eier hinzufügen. Die glatt gerührte Masse über den Teig geben, sodass sie sich gleichmäßig bis in die Ecken verteilt. Mit kleinen Butterflöckchen bestreuen.

Bei mittlerer Hitze (180 °C bzw. Stufe 6) backen, bis die Fülle leicht goldbraun geworden ist.

Nicole Martin-Raget

Artichauts à la barigoule
Farcierte Artischocken

ZUTATEN FÜR 4 PERSONEN

16 kleine (violette) Artischocken
100 g durchwachsener Speck
1 milde Zwiebel
2 Karotten, in Stifte geschnitten

Thymian, Lorbeer, Pfefferkraut,
Majoran, Rosmarin
Olivenöl, Salz, Pfeffer
Koriander

ARBEITSAUFWAND
25 MINUTEN

GARZEIT
30 MINUTEN

Die Artischocken von den Stielen und den äußeren harten Blättern befreien. Mit einem scharfen Messer am Boden entlang schneiden, sodass nur noch die zarten fleischigen Blätter stehen bleiben.

Den Boden eines Schmortopfes mit Olivenöl bedecken, die Artischocken hineingeben und leicht anbräunen, eine gehackte Zwiebel, die Karottenstifte und den in Streifen geschnittenen Speck hinzugeben. Sobald alles gut angeschmort ist, mit kochendem Wasser angießen und das Gemüse zu drei viertel bedecken. Mit den Kräutern bestreuen, einen Deckel auflegen und bei kleiner Flamme köcheln lassen, bis eine kleine Restmenge an Wasser und Öl übrig ist und sich die Artischocken mit einem feinen Messer leicht durchstechen lassen.

Colette Filippini

Schon seit 15 Jahren verbindet Colette Filippini mit ihrem 400 Quadratmeter großen Grundstück mit seinem wenig fruchtbaren, steinigen Kalkboden am südlichen Rand von Saint-Rémy-de-Provence eine innige Liebe. Jeden Tag in der Morgendämmerung unternimmt sie einen ausgedehnten Rundgang über das Gelände, dessen dreieckiger Grundriss nach Süden ausgerichtet ist. Im Nordosten befindet sich ein kleiner Pool, in der Ostecke ein halbschattiger Hof mit einigen buschigen Pfingstrosen. »Mein Ziel«, so erklärt sie, »war ein Garten mit blühenden Büschen, Sträuchern und mehrjährigen blühenden Pflanzen, um das ganze Jahr hindurch Farbe um mich herum zu haben.« Einige Salbeistauden werden dieser Aufgabe auch in der schwierigen Übergangzeit zum Ende des Sommers gerecht. Im Winter gibt es einige immergrüne Hecken und Pflanzen wie Bergenden (auch Wickelwurz), die Kretische Schwertlilie (Iris d'Algérie oder auch *Iris unguicularis*) und verschiedene Rosmarin-Arten. Der ganze Garten wird von einer verschwenderischen Farbenpracht und schweren Düften durchflutet. Da die Durchgänge immer gerade und alle Wege sehr schmal sind, werden sie von einer Art Pergola überdacht und vermitteln so eine gewisse Geborgenheit, ja geradezu etwas Geheimnisvolles.

Colette Filippini berücksichtigt das jeweilige Mikroklima, das entsteht, wenn die Sonne um das Haus wandert, und pflanzt Herzlilien (Funkien, auch Schattenpflanzen) und mehrjährige Geranien in die dunkelsten Ecken. Hier und dort gibt es im Sinne der Übersichtlichkeit einen rund geschnittenen grünen Busch, vorzugsweise eine Duftheckenkirsche *(Lonicera nitida),* die dauerhafter als Buchsbaum ist. Zwar schätzt sie die Phantasie, aber sie ist davon überzeugt, dass es ab und zu »auch mal ganz geordnet zugehen muss«.

Als Hausfrau, Ehefrau eines Allgemeinmediziners und Mutter eines einzigen Sohnes, der sich gerade auf das Lehramt vorbereitet, bleibt Colette Filippini sehr viel Zeit, die sie in ihrem Garten verbringt.

Die Arbeit dort erfüllt sie so sehr, dass sie an manchen Tagen gar das Essen vergisst. Aber kochen tut sie meist doch, und zwar exzellent. Und so findet sich in ihrer Küche immer der eine oder andere Leckerbissen für ihren Ehemann – vor allem eines ihrer Lieblingsgerichte wie der Auberginen-Auflauf oder die Tomatensuppe, die auch kalt ganz wunderbar schmecken.

Die Geheimnisse früherer Zeiten

Colette Filippini ist im Languedoc südlich von Montpellier aufgewachsen. Viele ihrer Kindheitserinnerungen sind kulinarischer Art, wie etwa die Confiture de figues au torchon, eine Feigenmarmelade, die ihre Groß- und Urgroßmutter durch ein Geschirrhandtuch abtropfen ließen. Dafür wurden die Feigen in zwei verschiedene Körbe gepflückt: In den einen kamen die überreifen, vielleicht nicht mehr ganz unversehrten Früchte, aus denen schon ein zähflüssiger, honigähnlicher Saft herauslief; in den anderen kamen die heilen, die gerade eben reif waren. Die Feigen der ersten Sorte landeten in einen Kochkessel, wurden mit Wasser bedeckt und eingekocht. Das Einkochen so einer Feigenmarmelade dauerte zwei Tage! Die Masse wurde schließlich auf ein aufgespanntes Handtuch geschüttet, wie man es von der guten Hausfrau von früher kennt; heute würde kaum jemand noch so etwas Aufwändiges machen... Da wurde ein Besenstiel zwischen zwei Stühlen ausgelegt und ein mit

Feigen gefülltes Geschirrhandtuch aufgehängt. Darunter kam eine Schüssel, und eine ganze Nacht lang tropfte der Saft der gekochten Feigen hinein. Noch gut erinnert sich Madame Filippini an das Geräusch der fallenden Tropfen, ...plopp, plopp, plopp..., die ganze Nacht hindurch. Nichts musste abgewogen werden, denn ihre Großmutter hatte alles im Gefühl. Sie gab sehr wenig Zucker hinzu – schließlich war man ja auch sparsam – und die Feigen, die am Rande der Weinberge wuchsen, bekamen in dem steinigen Boden fast kein Wasser und waren ohnehin zuckersüß. Am nächsten Morgen stellte man den Saft aufs Feuer, und wenn die ersten Blasen aufstiegen, gab man ganze Früchte, nämliche jene Feigen aus dem zweiten Korb hinein. So wurde die Feigenmarmelade hergestellt...

Städtisch, aber doch fast wie auf dem Lande

Heute wohnt Colette Filippini in einem ruhigen kleinen Viertel zwischen der Innenstadt und der baumbestandenen Garrigue. Sie weiß um den Ruf von Saint-Rémy-de-Provence, der Stadt der Gärten, denn seit zwei Jahrhunderten wird hier Gemüse angebaut.

Doch Colette empfindet die heutige Produktion eher als industriell. Es ist ihr fast unmöglich, auf dem Markt unbehandeltes Obst und Gemüse zu bekommen. Vor 15 Jahren durch eine Lebensmittel-Allergie aufgeschreckt, beschloss sie, sich fortan diätetisch und mithin gesund zu ernähren. Seitdem kocht sie eine sehr schmackhafte, aber immer leichte Küche, für die sie ausschließlich »Bio«-Produkte verwendet – ein Begriff, den sie im Grunde nicht leiden kann.

Sie bleibt der Vergangenheit eng verbunden, bereitet noch immer den Auberginen-Auflauf so, wie sie ihn als Kind beim Picknick am Strand mit ihrer Großmutter kennen gelernt hat. Doch wie andere Familienmütter bemüht sich auch Colette um ein paar neue Ideen, und ein großes Problem ist es, immer etwas Neues zu erfinden, wenn sie mittags und abends in der Küche steht! Mittags weiß sie nie, wann ihr Mann von der Arbeit nach Hause kommt. Dann gibt es bei ihr ein Reisgericht mit

Mozzarella und rohen Pilzen, garniert mit einer halben Avocado, und zum Nachtisch Jogurt, natürlich von bester Qualität. Sie verwendet viel Knoblauch, den sie am liebsten zum Ende der Garzeit zum Essen gibt oder, ganz roh, unter einen grünen Salat mischt.

Ohne im engeren Sinne Vegetarier zu sein, essen die Filippinis Fleisch eigentlich nur zu speziellen Anlässen – etwa einen Kalbsbraten, wenn ihr Sohn zu Besuch kommt. Eier vom Bauernhof, Fisch, Schafskäse, Olivenöl, Vollkornbrot, Quellwasser und Wein aus dem biologisch-dynamischen Anbau kommen dagegen regelmäßig auf den Tisch, und das alles ist ebenso schmackhaft wie gesund! So fühlt sich Colette Filippini wohl, und stolz berichtet sie davon, fünf Stunden lang hart im Garten zu arbeiten, ohne hinterher wirklich erschöpft zu sein! Ihre Rezeptideen sind oftmals moderne und leichte Adaptionen der Gerichte ihrer Großmutter – natürlich stark vereinfacht...

Gratin d'aubergines
Auberginen-Auflauf

Zutaten für 5 Personen

ARBEITSAUFWAND
35 MINUTEN

GARZEIT
25–30 MINUTEN

1 kg Auberginen
Knoblauch, Petersilie
1/2 Liter Tomatensauce

5 dl Olivenöl
geriebener
Parmesankäse

Den Backofen auf 180 °C (Stufe 6) vorheizen.

Die Auberginen enthäuten, in Längsstreifen schneiden, auf ein mit Öl gefettetes Backblech legen, in den Ofen schieben. Die Auberginenstreifen während des Garens von Zeit zu Zeit wenden. In einer Auflaufform eine Lage Auberginen anrichten. Mit Parmesankäse bestreuen, mit Olivenöl beträufeln, Knoblauch und gehackte Petersilie darübergeben. Mit einer Lage Tomatensauce bedecken. Eine weitere Doppelschicht herrichten. Im heißen Ofen 25–30 Minuten backen.
Dieses Gericht schmeckt auch kalt.

Tarte aux courgettes et à la crème de soja
Zucchini-Torte mit Soja-Creme

Zutaten für 6 Personen

ARBEITSAUFWAND
35 MINUTEN

GARZEIT
55 MINUTEN

1 kg Zucchini
250 g Blätterteig
1 Becher Soja-Creme

1 Esslöffel Olivenöl
Knoblauch, Petersilie, Muskatnuss
Salz, Pfeffer

Die Zucchini schälen, in Scheiben schneiden, in einer Pfanne mit Olivenöl leicht anbräunen, salzen, pfeffern und mit etwas geriebener Muskatnuss bestreuen. Zudecken und bei mittlerer Hitze etwa 20 Minuten schmoren lassen, sodass die Scheiben gerade noch nicht zerfallen. Knoblauch und Petersilie hacken, zu den Zucchini geben. Den Blätterteig in einer Tarte-Form auslegen, darüber ein mit Backerbsen beschwertes Backpapier legen und für 15 Minuten in den 200 °C (Stufe 6) heißen Ofen geben. Die Erbsen und das Papier entfernen, die Zucchini auf dem Teig verteilen, mit der Soja-Creme übergießen, mit gehacktem Knoblauch und Petersilie bestreuen. Weitere 20 Minuten backen.

Velouté de tomates
Tomatencremesuppe

Zutaten für 6 Personen

ARBEITSAUFWAND
35 MINUTEN

GARZEIT
20 MINUTEN

1 kg Tomaten
1 Zwiebel
4 Knoblauchzehen
1 Prise Zucker
3 Esslöffel Olivenöl

1 Glas Weißwein
1 Liter (Quell-)Wasser
12 Scheiben altbackenes
Weißbrot/Baguette
100 g Parmesan

1 Bouquet garni:
ein Kräutersträußchen mit
Petersilie, Thymian,
Lorbeer und
Basilikum

Die Tomaten mit kochendem Wasser übergießen, damit sich die Haut beim Abziehen besser löst. Aufschneiden und die Kerne entfernen. Die Zwiebel in Olivenöl glasig dünsten, die Tomaten dazugeben und 10 Minuten köcheln, dann mit dem Wein einkochen lassen. Das Quellwasser, das Bouquet garni und den Zucker zugeben. Salzen

und pfeffern. Weitere 10 Minuten auf kleiner Flamme schmoren. Die Masse im Mixer fein pürieren. Die Weißbrotscheiben rösten, mit Knoblauch einreiben. Mit ein paar gehobelten Parmesan-Spänen servieren. Die Suppenteller mit Basilikumblättern dekorieren. Die Tomatencremesuppe schmeckt ebenso gut kalt.

Nicole
Arboireau

Alte Geheimnisse
einer jungen Großmutter
aus Fréjus

Von den Gartenliebhabern der Côte d'Azur wird
Nicole Arboireau sehr verehrt. Historisch wie bota-
nisch Interessierte schätzen ihre umfangreichen
Kenntnisse der Geschichte der Pflanzen; die
Freunde der mediterranen Gärten und Parks
besichtigen unter ihrer Führung die weniger bekannten Anlagen; die regelmäßigen Besucher der
Gärtnereien lieben ihre Vorträge am Sonnabend-
vormittag im Parc Aurélien in Fréjus. Eine
besondere Beziehung besteht zu den älteren
»Mütterchen« des Département Var, mit denen sie
Sprösslinge tauscht und die sie in einem liebevollen
Buch mit dem Titel *Jardins de grands-mères* (Gärten
der Großmütter) schildert. Ihr eigener Garten ist
im Übrigen ein besonders schönes Beispiel dieser
Klasse. La Pomme d'Ambre liegt am Rande der
römischen Via Aurelia, ganz in der Nähe von
Fréjus. Auf dem abschüssigen, rund 2000 Quadratmeter großen Gelände hatte einst ihr Ehemann, der in der Freizeit liebend gerne baute und
werkelte, kleine, mit Trockenmauern abgestützte
Terrassen angelegt, während er das Gelände oberhalb der Wege mit Eisenbahnschwellen abzufan-
gen wusste. Im gesamten Garten findet sich kaum
ein freies Plätzchen, und von nirgendwo ist die
gesamte Anlage zu überblicken, sodass sich immer
wieder neue geheimnisvolle und idyllische Ecken
auftun. Hier und da wird der Schritt des neugieri-

gen Besuchers auf seinem vergnüglichen Rundgang durch eine Pergola gelenkt.

Die Welt draußen scheint sich zu verlieren, und nur manchmal neigt ein Spaziergänger den Kopf hinunter auf das Niveau der kleinen Mauern, um mit der Nase tief in die duftende Pflanzenwelt einzutauchen. Überall finden sich Blumentöpfe und Kübel jeglicher Größe. Der Garten ist reich an historischen Gewächsen, die in ihrer Anordnung

der Weinlese vom Fuße der Stöcke einsammelten und in die Taschen ihrer Arbeitsschürze gleiten ließen. Es gab nichts Besseres als diese Schnecken, die den ganzen Sommer über in der Hitze »gefastet und gelitten« hatten. Heutzutage finden die Mitglieder ihrer Familie diese Schnecken in den Brachen, auf verlassenen Weinbergen, am Rande der Feldwege oder im Röhricht der Flussufer. Und sie bereitet dann daraus die Suçarelle, ein traditio-

ein wenig nostalgisch anmuten und Nicole an ihre Kindheit in den fünfziger Jahren in Fréjus erinnern.

Nicole Arboireau liebt Anekdoten und Geschichten aus der Vergangenheit. Beim Erzählen wirkt die Erinnerung so verführerisch, dass nicht nur sie Appetit bekommt. Als Beispiel seien die kleinen Schnecken mit dem gestreiften Gehäuse genannt, die in der Gegend um Fréjus unter der Bezeichnung »Limaçons« bekannt sind: Sie weiß zu erzählen, dass die Tagelöhner diese Schnecken während

nelles Festessen, das am Ende der Weinernte oder am Heiligen Abend auf den Tisch kommt.

Den Rhythmus früherer Zeiten auf die Gegenwart beziehen

Das Wissen und die Erfahrungen alter Zeiten versteht Nicole als Inspiration für die nachfolgenden

Generationen. Doch sie wählt nur das aus, was sie heute für praktikabel erachtet. Sie ist keineswegs eine der ewig Gestrigen, die meinen, dass früher alles besser war. Schließlich haben sich schon zu ihrer Kinderzeit die Leute darüber beklagt, dass die Molkereien die Milch mit Wasser verdünnten. Natürlich macht Nicole viele ihrer Besorgungen im Supermarkt, denn sie hat nicht die Zeit, sich jeden Tag darum zu kümmern, wie es früher für

Vergnügen und Geschmack

Das Kochen ist ein wichtiger Bestandteil ihres Lebens. Vor allem am Wochenende ist das Haus voller Leute und eine gute Organisation unentbehrlich – schließlich sind dann alle Generationen vom Säugling bis zum Alter von 90 Jahren vertreten! Bestimmte Gerichte bereitet Nicole Arboireau schon am Tag zuvor, beispielsweise den

eine Hausfrau üblich war. Den Markt in ihrem Stadtviertel besucht sie »zum Vergnügen«. Die Waren sind dort oft besser, und man kann sich ein Hähnchen oder die Ente für die folgende Woche bestellen, aber es ist dort auch teurer. Nicoles Ehemann, ein selbstständiger Krankenpfleger, bringt oft kleine Geschenke seiner Patienten mit – ein paar Eier oder Orangen, eine ganze Saison lang auch Blumenkohl, soviel, dass es den beiden schon fast zu viel wurde. Normalerweise aber erfreut sich das Paar an dem, was den Gärten der Kleinbauern entstammt!

in Milch gegarten Schweinebraten mit Salbei, der ebenso gut kalt gegessen werden kann. Und weil die Köchin nicht allein auf den Geschmack, sondern auch auf die rechte Konsistenz bedacht ist, kann sie stolz behaupten, dass sich so ein Braten wunderbar leicht schneiden lässt. Dazu reicht sie einen gemischten Salat, in dem die zarten Blätter eines Kopfsalates eine delikate Verbindung mit den süßlichen, weißen Zwiebelringen, dem bitteren wilden Löwenzahn oder dem blau-grünen Hasen- oder Bitterkraut eingehen. Der Farbe wegen

mischt sie noch ein paar der frühen, kleinen, sehr saftigen Tomaten unter, deren glibberige Kerne sich von der Vinaigrette am Boden der Salatschüssel absetzen, vielleicht auch Kiechererbsen, Kartoffelscheiben, und, »in Zeiten höchster Kreativität«, schon einmal junge dicke Bohnen, Radieschen, Karotten und geriebenen Apfel, Frühlingszwiebeln und Pfefferkraut, Sauerampfer, Blüten der Kapuzinerkresse oder gar von dem »gefährlichen dreifarbigen« China-Pfeffer (*Houttuynia cordata,* »Chameleon«).

In den Speisen »ergänzen sich das Milde und das Bittere, das Weiche und das Knackige, das Saftige und das Staubig-Trockene, das Süße und das Salzige, ohne sich jemals zu bekämpfen. Außerdem ist so eine bunte Mischung schließlich eine Freude für das Auge!«

Die Gerichte von Nicole fallen sehr farbenfroh aus. Ihre Eltern – die Mutter stammte aus Paris, der Vater kam aus Lyon – bereiteten, wie sie sich erinnert, sehr blasse, fast weiße Speisen zu: Kabeljau in weißer Sauce, dazu hartgekochte Eier und Kartoffeln. Sie dagegen bot ihren Kindern als Nascherei anstelle von Bonbons lieber knallrote Paprikaschoten an.

Ihre Familie ist für alle Geschmacksvarianten offen, und gerade in diesen Tagen liebäugelt sie besonders mit Rezepten der nordafrikanischen Küche, deren Eintopfgericht »Tajine« sie besonders schätzt. Ganz wichtig beim Kochen aber ist eine üppige Portion Liebe, ohne die selbst die schönste Mischung fade schmecken würde – die obligatorische Zutat, die in keiner guten Familienküche fehlen darf.

Olives vertes à l'escadado
Grüne Oliven, eingelegt »à l'escadado«

ZUTATEN

1 kg grüne Oliven	Meerfenchel (Bazillkraut)
2 Liter Wasser	10 Pfefferkörner
250 g Salz	Orangenschale
Fenchel, Lorbeer	10 Körner Koriander

Jeder Olive einen Schlag mit dem Holzhammer versetzen, sodass die Haut ein wenig einreißt und das Fleisch aufspringt, ohne die Frucht allerdings ganz zu zerquetschen! Die Oliven in eine Schüssel mit frischem Wasser geben, dort neun Tage einweichen lassen, wobei das Wasser jeden Morgen auszuwechseln ist. Gut abtropfen lassen, in Weckgläser geben, ganz mit Salzlake auffüllen.
Für die Salzlake die 2 Liter Wasser mit dem Salz, dem Fenchel, einem Lorbeerblatt und einigen Meerfenchel-Blättern aufkochen lassen, den Koriander, den Pfeffer und die Orangenschale zugeben. Die Lake ganz abkühlen lassen, dann über die Oliven geben. Eine Woche ziehen lassen.

Morue à la provençale
Kabeljau auf provenzalische Art

ZUTATEN FÜR 6 PERSONEN

24/48 STUNDEN
WÄSSERN

ARBEITSAUFWAND
15 MINUTEN

GARZEIT
10 MINUTEN
UND WEITERE
15 MINUTEN

800 g Stockfisch (getrockneter Kabeljau)	1 kleine Chilischote, getrocknet
3 Zwiebeln	1 Esslöffel gehackte Petersilie
4 Knoblauchzehen	Thymian, Lorbeer
1 kg Tomaten	frisch gemahlener Pfeffer
1 Glas Weißwein	Salz, Olivenöl

Den Kabeljau kauft man eingesalzen, als Filet oder noch mit Haut: Man sollte also besser gleich Stockfisch sagen! Die Filets müssen 24 Stunden wässern, ungehäuteter Stockfisch benötigt 48 Stunden. Danach in kaltem Wasser aufsetzen, einmal aufkochen lassen und warten, bis sich das weiße, duftende Fleisch leicht zerrupfen lässt.
In einem Schmortopf die fein gehackten Zwiebeln in Öl glasig dünsten, den grob zerdrückten Knoblauch und die Tomaten, den Thymian und das Lorbeerblatt, die Chilischote, den Pfeffer und den Wein hinzugeben. Die Sauce ein wenig einkochen lassen, die Stockfisch-Stücke hineingeben und zusammen etwa 15 Minuten auf kleiner Flamme stehen lassen, bis die Stücke eingesunken sind.
Mit gehackter Petersilie bestreuen und mit kleinen Bratkartoffeln direkt aus der Pfanne servieren.

Nicole Arboireau

Lapin chasseur aux olives
Kaninchen nach Jägerart mit Oliven

ZUTATEN FÜR 4 PERSONEN

1 Kaninchen	Pfefferkraut
5–6 Zwiebeln	1 Hand voll grüne, in Salzlake einge-
100 g durchwachsener Speck mit	legte Oliven
Schwarte	3 Knoblauchzehen
1 Glas trockener Weißwein	500 g Pfifferlinge
Thymian, Lorbeer, Salbei, Rosmarin,	Salz, frisch gemahlener Pfeffer

ARBEITSAUFWAND
25 MINUTEN

GARZEIT
35–45 MINUTEN

Das Kaninchen zerlegen, die Teile in einem Steingut-Topf oder einer gusseisernen Pfanne in dem ausgelassenen Speck anbräunen. Zwiebeln nach Belieben hinzugeben, denn sie sind es, die später die Sauce ausmachen!
Den Speck herausfischen, die Speckschwarte mit der fetten Seite unten im Schmortopf belassen. Das Schmorgut mit Weißwein ablöschen und die Kräuter hinzufügen. Die Oliven gut abgetropft dazugeben. Auf kleiner Flamme schmoren lassen und zum Ende der Garzeit die abgezogenen ganzen Knoblauchzehen in die Sauce tun. Die Dauer des Garens ist vom Alter des Kaninchens abhängig... Die Pfifferlinge separat anbraten und auf einer Servierplatte anrichten. Darauf die Fleischstücke anrichten, den eingekochten Jus darübergeben. Mit frischen Nudeln oder Salzkartoffeln servieren.

Doudou
Bayol

Die Küche der Gemüsegärtner
– und Künstler –
von Saint-Rémy

Der französische Dichter Joseph Roumanille
wurde Ende des 19. Jahrhunderts der »Poet der
Gärten« genannt, denn er stammte aus einer Familie von Gemüsegärtnern der Stadt Saint-Rémy, die
für ihr exzellentes Gemüse bekannt war. Eine
seiner Nachfahrinnen – Doudou Bayol – lebt noch
heute in dem Gartenviertel, wo sie sich unter anderem dafür einsetzt, dass traditionelle Gerichte wie
etwa die nach den Rezepten ihrer eigenen Großmutter, Madame Élise Roumanille, nicht in Vergessenheit geraten. Doudou und ihr Gatte bewohnen ein in den 70er-Jahren errichtetes Haus, das
genau gegenüber dem alten, seit 200 Jahren in
Familiebesitz befindlichen, von hohen Platanen
beschatteten Mas steht.

In dem 1000 Quadratmeter großen Garten von
Doudou, der hinten an ihr Haus grenzt, wird kein
Gemüse angebaut. Vor 30 Jahren wäre das auch
überflüssig gewesen, denn die Produktion des
Familienbetriebes war überreichlich.

Die alten Obstbäume aber sind erhalten – vor
allem die Kirschbäume, die sich heute aus dem
bunten Teppich beeindruckend üppiger Farben
und Aromen von Ein- und Mehrjährigen, Zwiebelgewächsen und blühenden Sträuchern erheben.
Zur Freude eines jeden Fotografen und vor allem
des getreuen Gatten, dem Maler Joseph Bayol, der
sich seit rund 30 Jahren immer wieder neu von

dem wechselnden Schattenspiel der Kastanie und des Judasbaumes wie von den geheimen Ecken mit einem zur Rast oder zu einem Imbiss im Freien einladenden Stuhl oder Tisch inspirieren lässt. Er liebt die üppige, auch romantische Stimmung des so genannten »Bauerngartens«, in dem Doudou jedes Blatt und jeden Kräuterzweig kennt.

»Selbstgemacht«

In einem stillen Winkel des Gartens versteckt sich eine kleine Galerie, in der Doudou seit Jahren schon Ausstellungen befreundeter Maler aus der Gegend um Saint-Rémy organisiert. Für die Buffets zu den gelegentlichen Ausstellungseröffnungen steht sie höchstpersönlich in der Küche, denn die Gäste lieben das Selbstgemachte. Sogar die eingelegten grünen Oliven und die Niçoises noires, die kleinen Schwarzen, stammen von ihr. Außerdem bereitet sie eine Tapenade und natürlich auch die andere typisch provenzalische Paste auf der Basis von Sardellen, Mandeln und Fenchel, den Sassoun. Dazu serviert sie kleine Toasts, obwohl sie wie keine Zweite um die wahre Tradition weiß. Der große Herd mit den zwei Backöfen in der Küche ihres Hauses zeugt von ihrer gleichsam professionellen Aktivität in diesem Bereich. Gerade wenn sie das Haus voller Leute hat, nimmt sich Doudou die Zeit, selbst in der Küche zu stehen. Wie zum Beweis zeigt sie auf ein großes Weckglas mit Orangenschalen, die sie für die Herstellung von 50 Litern Orangenwein benötigt. Natürlich sind die Früchte unbehandelt, und ein Großteil stammt aus dem Garten einer Freundin auf Korsika. Auch den Nusswein und den Kirschlikör macht Dodou selbst – Letzteren aus eigenen Sauerkirschen und Gewürzen, und zwar an jedem 10. September. In den zurückliegenden Jahren hat Doudou ihre Karriere als Galeristin zu Gunsten ihrer sechs Enkelkinder ein wenig vernachlässigt. Heute hat sich ihre Tochter Jeanne mit ihrem Gatten des alten Familienbesitzes bemächtigt und lebt in dem Mas gegenüber. Zwischen den Häu-

sern stehen oft ein oder zwei der alten Zigeunerwagen, die Jeanne und ihr Mann mit leidenschaftlicher Hingabe restaurieren. Jeanne hat ein wundervolles Buch über diese Fahrzeuge und die Traditionen der »Fahrensleute« geschrieben. Sie verkauft die aufgearbeiteten Wagen an renommierte Innenarchitekten, deren kosmopolitisches Klientel sich in den letzten Jahren in zahlreichen alten landwirtschaftlichen Betrieben der Region eingekauft hat.

Doudou und Joseph nehmen diese fremdländischen Einflüsse sehr gerne wahr, halten sie sich doch selbst mit Vergnügen im Ausland auf: Sie, die das marokkanische Kunsthandwerk so sehr bewundert, kauft liebend gerne in Nordafrika ein, und er, der seine Kunst in ganz Europa ausstellt, war mit seinen Bildern sogar schon im Tolstoi-Haus in Russland zu Gast. Im Allgemeinen sind die beiden jedoch sehr häuslich und lieben ihre Arbeit in Küche und Garten wie im Atelier über alles.

Bäuerliche Tradition

Das Kochen hat für Doudou eine große Bedeutung. Zwar bleibt sie bescheiden und gibt vor, in der Küche nichts Neues zu erfinden und nicht mehr zu tun, als genau wieder jene Gerichte ihrer Mutter zu kochen, die diese wiederum schon von

ihrer Mutter gelernt hat. Sie hält sämtliche Rezepte für »einfach und sehr schmackhaft« – etwa die Schweinskopfsülze, die sie zu so mancher Vernissage bereitet hat, wie auch die Schnecken, die nur zur richtigen Jahreszeit wirklich gut schmecken. Doudous Mutter hat sie niemals im Sommer gesammelt, sondern natürlich gewartet, bis die Tiere im Herbst zu fressen aufhörten und sich für den Winter eine kalkhaltige Schleimhaut zum Verschließen ihres Gehäuses zulegten. Nur dann nämlich waren sie genau richtig für »ihren« exzellenten Schnecken-Schmaus. Ihre Tochter findet darin einmal mehr die bäuerliche Tradition bestätigt: Alles wird selbst hergestellt, und man verwendet, was sozusagen vor der Tür vorhanden ist.

Eine andere Erinnerung lässt ihr förmlich das Wasser im Munde zusammenlaufen, und sie hat den Geschmack der Artischocken, wie sie etwa für das große Festessen zu Weihnachten zubereitet wurden, auf der Zunge. Das Putzen der langen, unhandlichen und immer etwas rauen Blattstiele und das Abziehen der weißlichen Haut, die dem Gericht einen bitteren Geschmack verliehen hätte, war eine ganz schöne Plackerei! Dazu gab es eine Art Bechamel-Sauce auf der Grundlage von Zwiebeln und Sardellen, wie die Familie ohnehin fast

jedes Gericht mit Zwiebeln und Sardellen kochte. Besonderen Wert legt Doudou auf das Einwecken von Obst und Gemüse, aber sie beklagt die mangelnde Qualität der Tomaten, die heutzutage nach nichts mehr schmecken, weil man sie und auch andere Früchte des Gartens nicht mehr an der Pflanze reifen lässt. Dabei fällt ihr das Sterilisieren von Tomaten ein – in einem großen Wäschekochtopf, draußen, auf einem offenen Holzfeuer –, bei dem sie als Kind ihren Eltern geholfen hat. Damals zog die Familie die aromatischen Saint-Pierre und verwendete ausschließlich selbst produziertes Saatgut; heute dagegen wird die Qualität einer Tomate in erster Linie an ihrer Transportfähigkeit gemessen. Bestimmte kulinarische Bräuche werden noch wie

einst gepflegt, etwa die Fête d'Andouillette mit Würstchen aus Kalbs- oder Schweinekaldaunen zu Ehren des heiligen Bonnet am 15. Januar. Dann ziehen die Familie Bayol und ihre Nachbarn aus dem Viertel in einer Prozession zu der romanischen Kirche auf dem Landgut. Nach einer in provenzalischer Sprache gelesenen Messe umrundet die Gemeinde drei Mal die Kapelle – im Glauben, damit das folgende Jahr über vor Koliken bewahrt zu bleiben. Danach gibt es einen hausgemachten eingedampften Most, und zum Mittag werden die Würste frisch vom Grill gegessen. Es kommen alle Pächter und Hirten und alle Nachbarn, und jeder kennt jeden. Neben anderen ebenfalls noch sehr lebendigen Traditionen denkt Doudou besonders gern an den »Flaschen-Umzug« am 16. Juni in Boulbon, wo sie als Kind gelebt hat. Hinterher wurde immer ein leckerer Schmorbraten gegessen, den die Leute im Restaurant zubereiteten. In Saint-Roch etwa findet heute wie früher am 16. August vor dem Verkauf von Anis-Brötchen und Törtchen eine provenzalische Messe statt – auch dies ein alter Brauch...

Doch Doudou Bayol ist eine moderne Frau, die ganz im Hier und Jetzt lebt. Als Mutter ist sie vom Stolz über ihre Kinder erfüllt, die sich in unserer ständig im Wandel begriffenen Welt beruflich dem lebendigen Erhalt provenzalischer Traditionen verschrieben haben.

Das Altern empfindet Doudou als eine glückliche Gelegenheit, die Turbulenzen des Lebens mit ein wenig Abstand und ruhiger Gelassenheit zu betrachten. Ihr Leben »auf dem Lande« führt sie mit allen Konsequenzen, wovon nicht zuletzt so bodenständige Gerichte wie ihre köstlichen Kohlrouladen, das Artischocken-Ragout oder das Kichererbsenmus zeugen. Ihre Lebensweisheit aber ist die einer Künstlerin, und sie gibt unumwunden zu, dass sie niemals aufgehört hat zu träumen.

Pommes de terre à la poêle
Gesottene Kartoffeln

Zutaten für 6 Personen

1,2 kg fest kochende Kartoffeln	1 Esslöffel gehackte Petersilie
1 Zwiebel	2–3 Lorbeerblätter
4 Knoblauchzehen	Salz
	frisch gemahlener Pfeffer

Arbeitsaufwand
25 Minuten

Garzeit
40 Minuten

Die Kartoffeln in reichlich Fett braten. In einer Pfanne die Zwiebel, den Knoblauch und die Petersilie glasig dünsten, mit Mehl andicken und die Sauce leicht bräunen lassen.

Mit Wasser ablöschen, salzen, pfeffern, und den Lorbeer hinzufügen.

Die Kartoffeln hineingeben und auf kleiner Flamme 30 Minuten köcheln lassen. Mit grünem Salat servieren.

Les fruits en bocal
Eingewecktes Obst

Suchen Sie möglichst makellose Früchte aus, denn je schöner die Früchte, desto besser das Produkt... Selbst die Pfirsiche sollten von ihrer Haut befreit, halbiert und entkernt werden. Man füllt unter leichtem Druck so viele wie möglich in ein Weckglas, schließt den Deckel und lässt das Glas 20 Minuten in kochendem Wasser stehen. Ebenso verfährt man mit Aprikosen, die allerdings nicht geschält werden, unentkernten Pflaumen oder frisch gepflückten weißen Kirschen, den Napoléons, aber auch mit Auberginen: die Haut abziehen, das Fleisch in kleine Stücke schneiden, wenn das Gemüse für Aufläufe verwendet werden soll, oder einfach in Hälften teilen. In ein Anderthalb-Liter-Glas passen etwa sieben Auberginen, die bei fest geschlossenem Deckel ohne Wasser oder Salz etwa 15 Minuten lang bei 100 °C sterilisiert werden.

Vin de noix
Nusswein

Zutaten

25 Nüsse	5 Liter Rotwein
1 Liter 45-prozentiger Alkohol	1 kg Zucker

Die Nüsse für 50 Tage in Alkohol einlegen. Die Früchte entnehmen, den Alkohol mit dem Rotwein und dem Zucker auffüllen und verrühren. Nach einiger Zeit bildet sich ein Bodensatz. Dann die Flüssigkeit filtern und zu Gunsten des Aromas weitere Monate stehen lassen!

Bœuf à l'anchois
Rindfleisch mit Sardellen

Zutaten für 6 Personen

12 dünne Scheiben Rindfleisch
20 dl Olivenöl
1 kleines Glas Weinessig
1 gehackte Zwiebel
2 Knoblauchzehen
3 in Öl eingelegte Sardellen

3 Tomaten (bzw. eine kleine
Dose geschälte Tomaten)
1 Esslöffel Mehl
1–2 Lorbeerblätter
Salz, Pfeffer
frisch gemahlener Pfeffer

MARINADE
12 STUNDEN

ARBEITSAUFWAND
20 MINUTEN

GARZEIT
15 MINUTEN

Die Fleischscheiben in einem tiefen Teller mit Olivenöl und dem Weinessig bedecken, mit dem Lorbeer belegen, salzen und pfeffern und die Nacht über (mindestens 12 Stunden) marinieren lassen. Am nächsten Tag das Fleisch in einer Pfanne braten, bis der Essig vollständig verdunstet ist, die gehackte Zwiebel und den Knoblauch und schließlich die Sardellen zufügen. Schmoren lassen, bis sich die Zutaten verbunden haben, dann die Tomaten zugeben. Sind auch diese gar, das Mehl mit dem Schmorgut anbräunen und schließlich mit etwas heißem Wasser ablöschen. Salzen, pfeffern, Lorbeer hinzufügen und auf kleiner Flamme köcheln lassen.

Rund um

den Wein

Cécile
Chancel

Ein schmucker Küchengarten
in den Weinbergen
des Luberon

Val-Joanis liegt in einem versteckten Tal in der Nähe von Pertuis, am Ende einer langen Allee alter Olivenbäume und Zypressen. Die patchworkartig mit Olivenhainen und Weinbergen bedeckten, sanften Hänge sind eine wahre Augenweide und zugleich kennerhaft zur Erlangung bester Qualität durchkalkuliert. Die Weine von Val-Joanis wurden wiederholt prämiert. Außerdem produziert das Landgut ein sehr aromatisches Olivenöl. Das Domizil, halb herrschaftliches Stadthaus, halb Bastide im Stil von Aix, liegt im Schatten eines Eichen- und Pinienwaldes vor Mistral gut geschützt. Es wurde im Jahre 1530 erbaut und war zunächst Teil des Besitzes von Jean de Joanis, dem Sekretär König Ludwigs II. von Neapel. Die zugehörigen Ländereien aber werden schon seit Menschengedenken bestellt, wovon einige antike Ruinen wie etwa die Überreste einer römischen Ölmühle zeugen.

Cécile und Jean-Louis Chancel stammen beide aus Marseille, Cécile aber macht auch einen klitzekleinen Einfluss aus der Gegend um Lyon geltend. Seit Jean-Louis 1978 den Kauf des abgelegenen und geschützten Tales besiegelte, hat sich der Wein geradezu zu einer Familienangelegenheit entwickelt. Gewinne aus dem Handel mit Olivenöl ermöglichten die Umgestaltung der Hänge, die Pflanzung neuer Reben und schließlich die An-

schaffung modernsten Arbeitsgerätes. Heute lebt das Ehepaar Chancel in London und in der Provence und vermag seine Kenntnisse der lokalen Traditionen mit dem allerneuesten internationalen Geschmack in Einklang zu bringen.

Ein etwas anderer Geschmack

In der Provence kocht Cécile Chancel hauptsächlich mit Zutaten aus dem Küchengarten, dessen Gemüse und Blumen sich auf den drei weiten Terrassen unterhalb des Wohnhauses ausbreiten. Die Arbeit im Garten ist die ihrige, die Anlage allerdings ein Werk des Landschaftsgestalters Tobie Loup de Viane. Cécile hat von Anfang an ihre Erfahrungen im englischen Gartenbau mit dem

südfranzösischen Klima und ihre Lust am Sammeln mit der strengen mediterranen Architektur zu vereinen gewusst. An allem Neuen interessiert, hat Cécile immer alles ausprobieren wollen – im Ziergarten, im Gemüsegarten und natürlich in der Küche. Auch mangelt es ihr keineswegs am Sinn für das Zweckmäßige, weshalb sie sich etwa von ihren Erbsen getrennt hat, für die man – was für zu aufwändig befunden wurde – stets genau zum richtigen Zeitpunkt vor Ort sein muss.

In der Saison 2001 hat sie jedoch sechs verschiedene Sorten Kartoffeln und nicht weniger als 25 in Form und Farbe variierende Tomatensorten gepflanzt. Sie liebt vor allem die guten alten Sorten wie etwa die Kartoffeln aus Noirmoutier und würde natürlich niemals auf die lokale Sorte »Grosse de Pertuis« verzichten, die, jung geerntet, einen köstlichen, leicht nussigen Geschmack aufweist.

Der provenzalische Gärtner war einigermaßen entsetzt, als Cécile neben die lokalen Poivrades, eine kleine Artischockensorte, bretonische Artischocken pflanzte, die dann auch wirklich wunderbar große Köpfe ausbildeten. Als sie allerdings aus der argentinischen Pampa die Samen der wilden und besonders stacheligen Kardy-Artischocke mitbrachte, hat sie doch besondere Vorsicht walten lassen und das Saatgut gehütet, um die ungeregelte Aussaat

auszuschließen und eine womöglich unerbittliche Konkurrenz für die lokale Vegetation zu verhindern.

Eine besondere Vorliebe hegt Cécile für stark duftende Gewächse, die im Küchengarten eine gute Figur machen, aromatisch schmecken und schließlich auch eine medizinische Wirkung entfalten. So züchtet sie eine bestimmte Koriander-Sorte vor allem wegen ihrer Früchte, eine andere dagegen der Blätter wegen. Außerdem gibt es in ihrem Garten etliche Basilikum-Sorten, allerdings nicht mehr das rote Basilikum, das auf dem Teller immer ein bisschen »schmuddelig« aussieht.

Den Obstsalat verfeinert Cécile Chancel mit Melisse und Ysop, und die Butterkekse, die sie manchmal dazu serviert, werden mit getrocknetem und zerriebenem Rosmarin bestreut. Sie liebt diese Art von geschmacklichen Überraschungen... Außerdem variiert sie alle möglichen Arten von Salat, wobei ihr allerdings die italienisch inspirierten in Aussehen und Geschmack am besten gefallen. Schließlich erntet und isst man auch mit den Augen!

Zu Anfang des Frühjahrs, wenn die Spinatblätter noch so zart wie Seidenpapier sind, nimmt Cécile Chancel schon einmal einen 12-Kilo-Sack mit nach Paris und beschenkt damit ihre Freunde – statt Blumen!

Kreative Küche

Cécile Chancel schätzt die fantasievolle und nicht allzu komplizierte Küche – schließlich sitzen bei ihr oft 15 oder 20 Leute am Tisch. Ihre Köchin wie auch ihr Gärtner favorisieren das Althergebrachte – etwa eine klassische Beurre blanc, eine helle Buttersauce, die sie in der einfachen Version bereitet: im Mixer, aber trotzdem »einwandfrei« und delikat. Mit Unterstützung durch die Köchin friert Cécile das ganze Jahr über Obst und Gemüse ein. Einmal allerdings fiel vier Tage hintereinander der Strom aus, und man musste alle drei Gefrierschränke leeren und die Lebensmittel irgendwie verwerten. Seitdem werden Obst und Gemüse größtenteils wieder eingeweckt, wobei die Experimentierfreude Céciles nur wenige Grenzen kennt. Ihren geliebten Jam aus grünen Tomaten allerdings musste sie wieder aufgeben, weil weder

die provenzalische Version noch das englisch
inspirierte Chutney der Familie schmeckte.

Auch der Gatte verlässt hin und wieder seine
Weinberge und macht sich am Herd zu schaffen.
Danach müsste – nach Ansicht seiner Frau – stets
die Küche neu gestrichen werden, aber Cécile gibt
bereitwillig zu, dass seine Rouille zur Bouillabaisse
wirklich exzellent ist. Ihrem 24-jährigen Sohn hat
sie ein paar Grundrezepte beigebracht, die ein
junger Mann heute einfach kennen müsse, etwa
Rührei mit Lachs, ein wunderbares Hühnchen in
Tomatenjus oder Schokoladenkuchen. Derartige
Kochkünste werden die Frauen zum Schwärmen
bringen...

Cécile hat an der Arbeit im Garten ebenso viel
Freude wie in der Küche. Sie erzählt von ihrer
»Porree-Phase« mit allen nur erdenklichen Lauch-
gerichten – eine Variante war eingelegt und mit
Rosmarin aromatisiert –, die erst endete, als ihre
Familie schließlich genug davon hatte. Irgendwann
gab es ein Jahr der Auberginen, in Form von
Kroketten, im Pudding oder als gebackenes Püree
mit Eiern und Tomaten.

In diesem Jahr spielten die gelben, runden, birnen-
förmigen oder gestreiften und die Gewürz-Toma-
ten eine wichtige Rolle. Den Saisonbeginn bestritt
eine frühreife russische Sorte mit einer Keimzeit
von 35 Tagen, das vorläufige Ende eine späte Sorte,
die erst ab dem 20. September geerntet wird. Das
Finale gestalten dann Mitte Oktober die Luberon-
Tomaten! So endet die Saison ganz im Geiste von
Val-Joanis in voller Pracht, mit traumhaft schönen
Tomaten...

Soupe de courgettes au céleri
Gemüsesuppe mit Zucchini und Sellerie

Zutaten pro Person

ARBEITSAUFWAND
20 MINUTEN

GARZEIT
25–30 MINUTEN

1 kleine Zucchini	Sellerieblätter oder Liebstöckel,
1 nicht zu kleine Tomate	fein zerrupft
1 weiße Zwiebel	Pfeffer
Olivenöl	Salz

Das Gemüse in kleine Stücke schneiden, leicht in Öl andünsten. Sobald die Teile ein wenig Öl aufgesogen haben, werden sie mit Wasser bedeckt und auf kleiner Flamme gegart. Das Gemüse mit dem Mixer pürieren, abschmecken und mit frisch zerrupften Blättern von Sellerie oder Liebstöckel bestreuen.

Flan de tomates au basilic
Tomatenpudding

Zutaten für 6 Personen

ARBEITSAUFWAND
30 MINUTEN

GARZEIT
35–40 MINUTEN

600 g Tomaten	7 Eier
1 Esslöffel Olivenöl	1 Esslöffel Mehl
1 Hand voll gehacktes Basilikum	Salz, Pfeffer

Die Tomaten in kochendes Wasser tauchen, die Haut abziehen, in Stücke schneiden und von den Kernen befreien. Mit einer großen Hand voll gehacktem Basilikum in Öl schmoren, bis das Fleisch zerfällt. Salzen und pfeffern. Die Eier mit dem Mehl verschlagen und unter das Tomatenpüree rühren, sobald dies etwas eingedickt ist. Die Mischung in eine gebutterte und mit Mehl bestäubte Form geben und im Wasserbad bei 180 °C (Stufe 6) im Ofen garen, bis die Masse gestockt ist. Aus der Form stürzen und heiß oder kalt mit einer Basilikum-Vinaigrette servieren.

Sauté de porc au vin blanc de Val-Joanis
Schweineragout mit Weißwein aus Val-Joanis

Zutaten für 5 Personen

ARBEITSAUFWAND
35 MINUTEN

GARZEIT
90 MINUTEN

1 kg Schweinefleisch (aus dem	3 Teelöffel Thymianblätter
Rücken oder der Schulter)	1 Glas trockener Weißwein
4 Esslöffel Olivenöl	aus Val-Joanis
2 gehackte Zwiebeln	1 Glas Kapern
3 Esslöffel Salbeiblätter	

Das Schweinefleisch in kleine Stücke schneiden, in heißem Öl bräunen. Die Hitze verringern, den Weißwein, die Zwiebeln, Salbei und Thymian zugeben. Zudecken und auf kleiner Flamme etwa 90 Minuten kochen lassen; hin und wieder umrühren und wenn nötig ein wenig Wasser zugeben. Zum Servieren das Ragout auf einen Teller füllen, die Kapern in dem Schmortopf mit ein wenig Wasser erhitzen und über dem Fleisch verteilen. Das Gericht sollte umgehend und heiß auf den Tisch gebracht werden.

Cécile Chancel

Timbale meringuée aux framboises

Baiser-Pasteten mit Himbeeren

ZUTATEN FÜR 6 PERSONEN

4 Eiweiß	1 Päckchen Vanillezucker
250 g Puderzucker	350 g Himbeeren
20 cl Sahne	

ARBEITSAUFWAND
45 MINUTEN

GARZEIT
2–3 STUNDEN
(TROCKENZEIT FÜR
DIE BAISER)

Das Eiweiß steif schlagen und nach und nach den Zucker zugeben. In eine Spritztüte füllen und die Masse in Form kleiner Nester herausdrücken: zuerst den Boden formen, aus zwei Ringen den Rand ziehen. Im Ofen bei 100 °C (Stufe 3–4) 2–3 Stunden durchtrocknen lassen.

Kurz vor dem Servieren die Sahne mit dem Vanillezucker versetzen und steif schlagen. Die Nester halb mit Sahne füllen, mit Himbeeren auffüllen.

Die Baiser-Formen lassen sich hervorragend in einer Keksdose vor Feuchtigkeit schützen und aufbewahren. Erst im letzten Moment füllen, da sie sonst aufweichen.

Mireille
Ferrari

Ein Garten und fein beschnittene
Weinstöcke an der Küste
im Département Var

Mireille Ferrari teilt ihr Leben zwischen ihren
Weinstöcken und den Stunden in ihrem Garten
an der Felsküste des Département Var unweit
von Bormes-les-Mimosas und pendelt so zwischen
zwei Grundstücken, die ihr sehr am Herzen liegen.
Die etwa 17 Hektar umfassenden Weinberge der
Domaine de la Malherbe zwischen der Garrigue
und dem Mittelmeer befinden sich seit gut einem
halben Jahrhundert im Besitz der Familie. Auf
dem sauren und wasserdurchlässigen Lehmboden
wachsen die Trauben zweier AOC-Weine der
Provence, des Malherbe und des Pointe-du-
Diable. Der Ertrag ist mit 3000 Litern pro Hektar
recht gering, die Ernte erfolgt ausschließlich mit
der Hand, und der Wein wird auf traditionelle Weise
hergestellt. Die Rosé-Weine (nach kurzer Gärung
abgekeltert) machen etwas mehr als die Hälfte aus.
Als »Weine des Vertrauens« werden sie hauptsächlich
in der Umgebung und über persönliche Kontakte
verkauft, sind aber auch in etlichen seriösen Wein-
führern erwähnt und auf der Weinkarte so mancher französischer Sterne-Restaurants zu finden.
Dieser Erfolg ist der vertrauensvollen Zusammenarbeit zwischen Mireille Ferrari und dem ehrgei-
zigen Önologen Jean-Jacques Coll zuzuschreiben.
Der Garten misst kaum mehr als 350 Quadratmeter. Er schmiegt sich eng an das weiß gekalkte
Steinhaus, dessen Halbrund vor etwa 20 Jahren von

dem Architekten Albert Carrier entworfen wurde. Das originelle Gebäude liegt direkt oberhalb des Meeres und drängt seinen Rücken in einen Hang. Der Garten verlängert es auf zwei Ebenen und bietet einen wundervollen Blick auf das Meer und die im Licht der untergehenden Sonne magisch erstrahlenden Iles d'Or. Auf der anderen Seite schließt sich die etwa 60 Hektar umfassende Landschaft der Garrigue an, die zu einem für seine artenreiche Flora gerühmten Schutzgebiet mediterraner Spezies gehört – man bezeichnet sie auch als »mediterrane Strauchheide«.

Mireille Ferrari hat hier seit ihrer frühesten Kindheit fast alle Sommerferien verlebt. Im Winter dagegen wohnte sie in Paris, wo ihre Familie ein berühmtes Blumengeschäft unterhielt, zu dessen Kunden nicht nur der Aga Khan, sondern auch einige Mitglieder der Familie Rothschild, der Vilmorin-Clan sowie der Vicomte de Noailles zählten. Nach dem Zweiten Weltkrieg galten diese Blumensträuße als das Maß der Dinge in der Pariser Gesellschaft. Mireille entwickelte jedenfalls sehr früh eine handfeste Beziehung zu Land und Boden, denn ihr Großvater überantwortete seinen Enkeln während der Ferien die doch recht mühsame Aufgabe des Unkrautjätens!

Die Arbeit mit der Natur

Mireille Ferrari hat mit ihrem Garten, der vor allem aus jenen Wildpflanzen besteht, die manche Leute als Unkraut bezeichnen, eine ebenso ungewöhnliche wie schöne Anlage geschaffen. Sarsaparille, Alant (auch Helenkraut oder Gottesauge genannt), Affodil, Euphorbien, Cistrosen, Lavendel, Strohblumen, Heiligenkraut, Backenklee, Strauchpappeln, Buchsbaum und Fetthennen wachsen dort in schönster Eintracht. Mireille liebt vor allem jene Gewächse mit kleinen, blassen Blüten, die direkt aus der Erde sprießen. Sie verlässt ihr Refugium ausschließlich, um sich nach Malherbe zu begeben. Sie hat dort »Wurzeln geschlagen« und verachtet das Reisen, selbst mit dem eigenen Wagen.

Das Ansinnen Mireille Ferraris ist es nicht etwa, die Natur (in Garten oder Weinbergen) zu beherrschen, sondern es geht ihr um eine fantasievolle »Kooperation«.

Ihre 20–80 Jahre alten Rebstöcke sind echte Kunststücke, mit Liebe beschnitten und gepflegt und in idealer Weise dem Klima und dem Boden

angepasst. Zusammen mit ihrem jungen Gärtner Sylvain Simonnetti wagt sie sich mittlerweile daran, auch andere Pflanzen und Gewächse zu skulpturieren. Wie vieles in ihrem Garten war diese Arbeit zunächst von den Kräften des unablässigen Seewindes inspiriert, der viele Gewächse in Küstennähe zu rundlichen, weichen, kieselähnlich geformten Kissen modelliert, wie etwa das Heiligenkraut. In dem Garten stehen auch drei Buchsbaum-Schafe, ein Germander-Strauch in Form eines Reihers, eine Schnecke aus einem Kapokstrauch, ein Olivenbaum, dessen Krone – von oben betrachtet – die Wellen des Meeres widerzuspiegeln scheint.

Sylvain ist ständig auf der Suche nach neuer Inspiration: So entdeckte er auf einer Müllkippe den Stumpf eines alten Olivenbaumes und verarbeitete diesen zu einem Bonsaï. Mit jeder Pflanze, die unter seinen Händen wächst, verbindet ihn eine Art von Geheimbund oder Komplizenschaft, auch mit den Weinstöcken. Und während diese ungewöhnliche Aromen ausbilden, lebt der Garten am Meer im harmonischen Miteinander kurioser Düfte.

Kulinarische Zaubereien

Auch in der Küche sucht Mireille Ferrari den Gleichklang von Natur und Fantasie. Als sie einmal etliche angesehene Köche empfangen soll, lässt sie sich von einem Text von Colette inspirieren, der davon erzählt, wie ihr in einer Herberge im Département Var ein Poisson au coup de pied, also »ein Fisch mit dem Fußtritt« serviert wird. Dies ist weniger ein Rezept als vielmehr die Beschreibung eines »primitiven kulinarischen Arrangements, so alt wie ein Olivenbaum oder wie das Fischen mit dem Dreizack«. Mireille jedenfalls bereitet diesen Fisch im offenen Feuer des Kamins im Esszimmer und verwendet je nach Angebot einen Barsch oder eine Dorade.

Schon die Schilderung von Colette ist ungemein appetitanregend. Zuerst muss »aus knorrigen Olivenholzscheiten und Cistrosenzweigen, den Wurzeln und leichtem Geäst des Lorbeers, Harz tropfenden Pinienholzstücken, dem Gestrüpp der Terebinthen und des Mandelbaums und natürlich von Rebenholz ein Feuer entfacht werden«. Während sich die Glut entwickelt, richtet man

eine Art Besen: ein duftendes Kräutersträußchen aus Lorbeer, Pfefferminz, dem pfeffrig schmeckenden Bohnenkraut Pèbre d'ail, Thymian, Rosmarin und Salbei, das zum Eintauchen in die »Sauce« (in einem Gefäß mit einer Mischung aus Olivenöl und Weinessig – schließlich genießt hier nur der milde rosafarbene Essig Anerkennung) und dem Besprenkeln des Fisches dient. Dazu Knoblauch, Salz und Pfeffer – und fertig ist's! Und sobald das Holz schön durchgeglüht ist und keine Flammen mehr hochschlagen, ist der Augenblick für den entscheidenden Fußtritt gekommen, der die Holzscheite wie Brandfackeln, wie Fumarolen von Ferne zurückholt, der die rosige Kohlenglut zudeckt und mäßigt, der das reine Herz des Feuers freigibt. Der Fisch gart auf einem dreibeinigen Eisengrill, und die Köchin bestreicht und berieselt ihn unablässig, ohne zu vergessen, dass er zur Halbzeit gewendet werden muss. Wie lange er braucht, ist allein die Sache der Köchin, und mit Colettes Worten liest sich das so: »Wer nicht ein wenig von Zauberei versteht, sollte die Finger von der Kocherei lassen!«

Wie könnte es anders sein, als dass alles beim granatfarbenden Wein endet – »ein Zechgelage rund um diesen erstarrten Fisch mit seiner knusprigen Haut, der sich enthüllt und sein weißes festes Fleisch darbietet, dessen Geschmack an das Meer und die Düfte des Waldes gemahnt«.

Mireille Ferrari scheint wirklich so eine Art Zauberin zu sein, genau wie Colette... Die »Düfte des Waldes« sind jedenfalls in ihrem Garten wie in der Küche präsent und verleihen einer Verfeinerung des Geschmacks Ausdruck, die Colette weiß Gott zu schätzen wusste. Am Anfang aber steht eine schlichte Idee oder eine wohlbekannte Ingredienz, die dann ein wenig ausgebaut wird – vielleicht, indem Mireille Ferrari die Vinaigrette mit Nussöl zubereitet oder die Blätter der Kresse nicht mitkocht, sondern erst zum Schluss in die Suppe gibt. Das Ergebnis auf dem Teller wie im Glas schließlich ist ebenso bezaubernd und sinnlich wie ihr Garten...

Mesclun aux fruits et au foie gras
Gemischter Salat mit Stopfleber

ZUTATEN FÜR 6 PERSONEN

2 Hände voll Blätter jungen Salats	1 Esslöffel Weinessig
2 weiße Pfirsiche (im Winter Mangos)	1–2 Esslöffel Nussöl
180 g Entenstopfleber, gegart	1–2 Esslöffel Olivenöl
2 kleine weiße Zwiebeln	1/2 Esslöffel Senf
	Salz, frisch gemahlener Pfeffer

Verwenden Sie eine Mischung frischer Salate der Saison, etwa Feldsalat, die zarten inneren Blätter eines Frisée-Salats, Kerbel und Löwenzahn. Die Blätter waschen, verlesen und sechs Teller belegen. Die Pfirsiche bzw. Mangos zu Spalten schneiden. Die Stopfleber klein würfeln und mit den Obstspalten vermischt auf dem Salat anhäufen. Auf der Grundlage von Roséwein-Essig mit Salz, Senf und zu gleichen Teilen Nuss- und Olivenöl eine Vinaigrette bereiten und über die Teller geben. Sparsam mit fein geschnittenen Zwiebelringen dekorieren.

Pigeon oder poussin aux artichauts
Taube oder Stubenküken mit Artischocken

ZUTATEN FÜR 2 PERSONEN

1 Täubchen (alternativ 1 Stubenküken)	5 Artischocken der kleinen Sorte (Poivrade)
3 Knoblauchzehen	Saft einer Zitrone
Speck, in dünne Scheiben geschnitten	10 cl Olivenöl
	Salz, Pfeffer

Das Geflügel mit den nicht abgezogenen Knoblauchzehen füllen, mit Speck umwickeln und 45 Minuten auf dem Bratspieß über einem Holzfeuer, vor dem Kamin oder über Kohlenglut grillen bzw. im Schmortopf garen.
Unterdessen die Artischocken putzen, dabei die äußeren holzigen Blätter entfernen. Der Verfärbung der Hände ist mit Zitronensaft beizukommen.
Die Artischocken in feine Scheiben schneiden und in einer Pfanne mit zerdrücktem Knoblauch in Olivenöl etwa 15 Minuten bräunen, mit einigen Teelöffeln Wasser übergießen, salzen und zugedeckt weitere 15 Minuten schmoren lassen.
Alternativ können die Artischocken auch unter mehrmaligem Wenden in einem Schmortopf zusammen mit dem Geflügel gegart werden, was etwa 20 Minuten in Anspruch nimmt.

Mireille Ferrari

Soupe de cresson
Kressesuppe

Zutaten für 6 Personen

1 Schälchen Kresse	Croûtons
3 Kartoffeln	Olivenöl
20 cl Crème fraîche	Salz

Arbeitsaufwand
10 Minuten

Garzeit
35 Minuten

Die Kresse waschen und zu einem Sträußchen binden; drei Blättchen zurückbehalten. Zusammen mit den mittelgroßen, geschälten Kartoffeln in einem Liter Salzwasser kochen. Nach 30 Minuten die Kresse aus dem Sträußchen lösen, die rohen Blätter in die Brühe geben und alles pürieren. Vor dem Servieren erneut erhitzen und nach Geschmack mit Crème fraîche verrühren. Dazu schmecken in Olivenöl gebräunte Croûtons.

Évelyne Casalis

Kochen im Rhythmus
der Jahreszeiten
in einem alten Kloster
an den Hängen der Rhône

Die Weine aus dem zwischen Avignon und
Cavaillon gelegenen Bonpas sind seit Jahrhunderten
berühmt. Vielleicht begehrte man sie bereits im
Jahre 1320, als Papst Johannes XII. zur Bewachung
einer viel genutzten Furt in der Durance die Kartause von Bonpas gründete. Gemäß der päpstlichen
Bulle erhielten die Kartäuser ein »Wohnhaus mit
Kirche, Nebengebäuden und Uffizien; dazu Gärten, Weinberge, Olivenhaine und kultivierte sowie
brach liegende Ländereien, Weideland, Wälder,
Quellen und Wasserläufe«. Das Kloster prosperierte,
und seine Gastfreundschaft machte von sich reden.
Madame de Sévigné schrieb im November 1675
an ihre Tochter: »Niemals werde ich die Mönche
von Bon Pas – Bon Repas! – vergessen, die uns
dort – Du erinnerst Dich? – ein wunderbares Mahl
zubereitet haben.« Mit der Französischen Revolu-
tion kam der Niedergang: Ein Großteil des ausgedehnten klösterlichen Gebäudekomplexes wurde
zerstört, die Mönche fort gejagt.
Erst im Jahre 1950 schien mit dem Zuzug der
Familie Olphe-Galliard endlich ein Neubeginn
möglich zu werden. Évelyne Casalis ist eine geborene Olphe-Galliard, und die Familie ihres Vaters
stammt aus Gap bzw. Marseille, die Großmutter
mütterlicherseits aber war aus Montfavet, das ganz
in der Nähe von Bonpas liegt.

Die Gründung eines Weingutes

Die Restaurierung der Klosterruinen im Auftrage der Großeltern von Évelyne Casalis hatte zehn Jahre in Anspruch genommen. In jener Zeit kaufte der Großvater sämtliche angrenzenden Ländereien auf und ließ sich selbst von Parzellen von nur 150 Quadratmetern nicht abschrecken. Sein Ziel war die Gründung eines Weingutes, und er ließ auf den gut 18 Hektar die landestypischen Rebsorten Grenache Noir, Syrah und Cinsault für Rotwein und Clairette und Grenache Blanc für Weißweine anpflanzen.

Die Handarbeit war bald kaum noch zu bewältigen, und es wurden die ersten Maschinen angeschafft, die der Großvater allerdings niemals zu Gesicht bekommen wollte. Im Jahre 1975 konnte schließlich die erste Flasche Wein verkauft werden. Heute sind die Weine der Chartreuse de Bonpas als AOC-Côtes-du-Rhône klassifiziert und weithin bekannt.

Die Weinlese ist Familienangelegenheit geblieben und gibt jedes Jahr wieder Anlass für ein Treffen von Évelyne und ihrem Mann mit ihren zwei Söhnen und ein paar Freunden der beiden. Die weißen Trauben werden mit der Hand gepflückt, und so finden sich in diesen Tagen zehn bis zwölf Leute

am Esstisch zusammen. Die Mutter ist stolz, dass ihre Söhne, die mittlerweile schon Abitur haben, die Gelegenheit wahrnehmen, »wie in früheren Zeiten an der Arbeit auf den Feldern wie an den Freuden des Landlebens« teilzuhaben. Und so tut Évelyne ihr Bestes, um das Leben im Rhythmus der Jahreszeiten zu bewahren und den Mahlzeiten mit der Familie den gebührenden Platz einzuräumen. »Das ist schlicht unsere Lebensart, ohne dass ich der Tatsache eine zu große Bedeutung beimessen möchte, denn schließlich haben wir meist unsere liebe Not, uns rechtzeitig zum Essen einzufinden.« Sie erzählt, dass ihre Mutter bei ihrer Heirat praktisch gar nichts vom Kochen verstand, sodass deren Vater seiner Tochter ein dickes Kochbuch, einen richtigen »Schinken«, schenkte. Die Widmung lautete: »Die gute Küche ist der Frieden eines jeden Haushalts!«

Eine ebenso liebevolle Erinnerung gilt dem Festmenu, das die kleine Évelyne einst ihrem Vater zum Geburtstag am 15. April bereitete. Die Menüfolge: ein Salat aus Salatherzen, sehr zarte und junge Artischocken in Vinaigrette, einige Radieschen und eine ganze Frühlingszwiebel – eine Stunde vor dem Verzehr vermischt und mit kalt gepresstem Olivenöl aus dem vorherigen Herbst angemacht; eine spezielle Wurst aus Caumont – im Ofen gebacken, alternativ ein Rest Rinderschmorbraten – in der

die man in den von einer Mauer gesäumten kleinen Garten hinaus gelangt, ist der wunderbare riesige Herd, ein wahres Prachtstück. Der Esstisch wird entweder drinnen oder draußen im Schatten der Weinlaube und in direkter Nachbarschaft zu einer großen Bananenstaude gedeckt. Im Haushalt erhält Évelyne Hilfe von Madame Christine Mouret, die ebenfalls leidenschaftlich gern kocht. Ihre köstlichen traditionellen Gerichte basieren vielfach auf den Rezepten aus jenen wieder aufgetauchten Kochbüchern, die einst in der Küche zurück gelassen worden waren.

Évelyne bedient sich allerdings auch neuerer Kochbücher oder kocht nach eigenen Ideen. Für die Mahlzeiten während der Weinlese experimentiert sie mit Traubensaft. Dann gibt es etwa Schweinefleisch mit Linsen, abgelöscht mit Traubensaft, die Sauce mit einigen Trauben verfeinert; oder chinesischen Reis mit blauen Weintrauben; oder ein Kalbscurry mit weißem Traubensaft. Sie sucht dafür keine speziellen Trauben aus, sondern verwendet einfach die gerade geernteten. »Man interessiert sich für das Neue und wirkliche Neuigkeiten sind hier Mangelware. Man hat es einfach satt, immer das Gleiche zu tun – also fängt man an zu sinnieren.«

Der große Gemüsegarten der ehemaligen Kartause ist fast vollständig erhalten. Der alte Bienenstand mit den dreißig in Nischen verborgenen Bienen-

Pfanne aufgewärmt; locker geschlagenes Kartoffelpüree; ein Viertel von dem etwas trockenen Ziegenfrischkäse Picodon; Honig der Region mit Mandeln; kalter Wein der Domaine Chartreuse de Bonpas; und schließlich Kaffee und Tresterbrand – natürlich einen Marc des Côtes-du-Rhône.

Ein Leben im Rhythmus der Jahreszeiten

In Bonpas passt man sich den Jahreszeiten an. Das heißt etwa, dass, wie uns Évelyne erklärt, im Winter keine Tomaten gekauft und überhaupt ausschließlich Tomaten aus Freilandkulturen gegessen werden. Ab April sind die Artischocken reif, also gibt es dann Gemüsesuppe mit Artischocken, im Mai auch den Braten mit Artischocken, den Fricot d'artichauts.

Mit der Herstellung des eigenen Olivenöls beeilt man sich, sodass zu Weihnachten schon die neue Ernte auf Flaschen gezogen ist, denn die traditionelle Weihnachtsbäckerei – auf Französisch Pompe à l'huile – ist Bestandteil der 13 Desserts des Mitternachtsmenüs und entfaltet ihren vollen Geschmack erst mit diesem frischen Olivenöl.

Herzstück der familiären Küche in Bonpas, durch

körben zählt zu den ältesten des Landes. Heute teilen sich zwei oder drei Familien die Beete, die allerdings im Wesentlichen nur von einer Person, einem wahren Garten-Enthusiasten, bestellt werden. Natürlich arbeiten auch alle anderen Beteiligten ein paar Stunden pro Woche mit, und die Ernte wird unter allen Beteiligten geteilt.

Hinter dem Küchengarten liegt ein Obstgarten mit Apfel-, Birnen-, Pflaumen- und Kirschbäumen der unterschiedlichsten Sorten. Die vielen Fremden, die Évelyne in Bonpas empfängt, verstehen recht schnell, warum die provenzalische Küche so wenige Desserts hervorgebracht hat, denn bei einer derart reichen Auswahl an Obst und Früchten ist eine komplizierte Nachspeise einfach überflüssig! Natürlich wird das Obst auch eingemacht und auch in so manches Hauptgericht integriert. Es ist die spezielle Mischung von Süßem und Salzigem, die die Familie von Évelyne besonders schätzt – auch beim Dessert, denn auf diesem Gebiet zeigt Évelyne ihre besondere Erfindungsgabe. Zur Zeit arbeitet sie an Crumbles des prunes, einem mürben Pflaumengebäck.

Nebst der Garten- und Küchenarbeit kümmert sie sich um das Geflügel – ein Geburtstagsgeschenk –, doch schon vier Tiere hat der Fuchs geholt! Die Domaine Bonpas produziert auch ein eigenes Olivenöl. Die Bäume der Sorte Picholine hatte der Vater von Évelyne Casalis in weiser Voraussicht schon in den sechziger Jahren gepflanzt. Für seine Tochter ist es eine besondere Delikatesse, sich eine Scheibe frischen Landbrots mit im Kühlschrank ausgeflocktem Olivenöl zu bestreichen!

Wenn der Garten Saison hat

In der ehemaligen Kartause findet sich natürlich eine ansehnliche Kollektion edler Gartenbücher. Der obere Garten, also jener den Besuchern zugängliche Teil der Außenanlagen, wird hauptsächlich von Évelynes Ehemann bestellt. In dessen

Anfangszeit erfuhr der Ziergarten seine optische Prägung durch zahlreiche Taxuskegel, die unter die Aleppo-Kiefern gesetzt waren, und eine weitläufige, mit Geranientöpfen aufgelockerten Rasenfläche. Seit ein paar Jahren aber hat sich das Bild geändert: Die Baumschule Jean-Marie Rey und der Landschaftsgärtner François de Roubin konnten mit einigen freundschaftlichen Ratschlägen in die Gartenplanung eingreifen und haben das alte Dekor durch mediterrane Sträucher und widerstandsfähige Mehrjährige ersetzt, die mit weniger Wasser und weniger Pflege auskommen. Der Garten schwelgt nunmehr in den Blau- und Grautönen von Winden, Bleiwurz *(Plumbago auriculata)* und Blaurauten (Perovskias). Eine Hälfte der Zwerg-Buchsbäume wurde durch Myrthen ersetzt.

Erhalten ist allein der Rasen, an dem sich die Kinder mit einer kanadischen Saat versucht haben. Wenn Évelyne die Besucher durch das Anwesen führt, muss sie immer wieder die Frage nach der Anzahl der Gärtner beantworten. Dabei ist auch diese Arbeit eine reine Familienangelegenheit und hat nicht immer Saison.

Évelyne träumt davon, einmal eine neue Tomate zu züchten und sich von Jean-Luc Danneyrolles inspirieren zu lassen, von dem sie schon so viel gehört hat. Ein paar junge Nachbarn ziehen »russische« Tomaten, die so wie die Saint-Pierre in ihrer Jugend schmecken. Für derartige Unterfangen benötigte sie vor allem mehr Muße. Aber in dem Maße wie es ihr heute manchmal an Freizeit fehlt, begeistert sie auf der anderen Seite die Möglichkeit, die langsame Entwicklung der »guten Dinge« auszukosten und im Rhythmus der Jahreszeiten zu leben.

Auch die Herstellung von Wein ist eine sehr lebendige Angelegenheit, wenn man den Reifeprozess sorgfältig begleitet und sich Wert und Gehalt ständig steigern. Dabei entfalten sich der Geruchs- und Geschmackssinn, das Farbempfinden – und es wird die Geduld trainiert. Ähnlich ist es im Gemüsegarten, denn keine Tomate wächst im Handumdrehen. Dass eine Tomate im Schatten alter Steine langsam herangewachsen ist, lässt sich natürlich schmecken. So einfach kann das Leben sein...

Beignets de fleurs d'acacia
Akazienblüten-Krapfen

Dieses Familienrezept lässt sich nur an wenigen Tagen des Frühjahrs zubereiten. Dann aber wird es mit besonderem Vergnügen und als Ankündigung der kommenden Wonnen wahrgenommen.

Zutaten

Akazienblüten	2 Esslöffel Olivenöl
Orangenblütenwasser (oder Rum)	2 Gläser Wasser
500 g Mehl	1 Prise Salz
2 Eier	Puderzucker zum Bestäuben

Arbeitsaufwand
15 Minuten

Garzeit
5–10 Minuten

Zuerst werden die noch nicht allzu weit geöffneten Akazienblüten gepflückt und mit Orangenblütenwasser bzw. Rum benetzt.

Für den Ausbackteig das Mehl in eine Schüssel sieben, mittig eine Mulde hineindrücken und diese mit den beiden Eigelb, dem Salz, dem Öl und dem Wasser füllen. Alles vermengen, bis eine homogene, flüssige Masse entsteht. Erst kurz vor der Verwendung das steif geschlagene Eiweiß unterrühren.

Die Blüten an den Stielen haltend in die Teigmasse tauchen und in heißem Öl ausbacken.

Mit Puderzucker bestäuben und noch heiß verzehren.

Tarte Tatin de tomates
Tomatenauflauf

Rezept eines Freundes und ausgezeichneten Kochs aus Caumont

Zutaten für 4 Personen

6 Tomaten	grobkörniges Salz
15 cl Olivenöl	Pfeffer
Thymian	Zucker

Arbeitsaufwand
35 Minuten

Garzeit
35–40 Minuten

Geeignet sind große, gut durchgereifte Fleischtomaten. Die Tomaten halbieren. Die Kerne entfernen, die Tomaten von innen mit Salz bestreuen, 30 Minuten ziehen lassen.

Einen klassischen (salzigen) Mürbeteig herstellen. Eine flache Auflaufform mit den abgetropften Tomaten auslegen, wobei die Schnittseite nach oben zeigen soll.

Mit Thymian, Zucker und Salz bestäuben, mit Olivenöl beträufeln. Im Ofen bei 180 °C (Stufe 6) langsam garen bzw. trocknen lassen. Von Zeit zu Zeit die Form aus dem Ofen holen und die ausgelaufene Flüssigkeit abschöpfen. Mit weiterem Öl beträufeln, falls die Tomaten zu stark austrocknen.

Kurz vor Ende der Garzeit die schon abgelöste Haut der Tomaten entfernen und die Tomaten umdrehen, sodass die Schnittseite nach unten zeigt. Die Tomaten mit dem Teig abdecken und bei 170 °C (Stufe 5–6) im Backofen lassen, bis der Teig gar ist. Dann auf eine Platte stürzen.

Die Tarte Tatin schmeckt heiß, aber auch kalt, auf jeden Fall aber umso besser, je weiter die Tomaten zerfallen sind.

Évelyne Casalis

Pintade aux figues fraîches
Perlhuhn mit frischen Feigen

Zutaten für 4 Personen

1 Perlhuhn	10 Feigen
15 cl Olivenöl	1/2 Flasche Rotwein

Arbeitsaufwand
20 Minuten

Garzeit
30–45 Minuten

Das Perlhuhn zerlegen und in Olivenöl gut anbräunen. Salzen und pfeffern und den Schmortopf mit Côtes-du-Rhône (z.B. Chartreuse de Bonpas!) auffüllen, bis das Geflügel halb bedeckt ist. 30–45 Minuten auf kleiner Flamme köcheln lassen. 15 Minuten vor dem Servieren die ganzen Feigen in die Sauce geben und in dem zugedeckten Topf mitschmoren lassen. Falls die Sauce zu flüssig ist, kann man einen Teil der Flüssigkeit verdampfen lassen.

Die Profis unter

den Gärtnern

Marco Nucera

Landschaftsgestaltung
und Festtagsküche der Jugend
in den Alpilles

Marco Nucera gestaltet Landschaften und schafft Baumkunstwerke – natürlich unter Berücksichtigung ihrer evolutionsbedingten Bedürfnisse wie der individuellen Natur und Umgebung der Gewächse. Christine Picasso, eine Bewunderin seines Metiers, bezeichnet ihn als einen »Bildhauer an lebenden Pflanzen«. Renommierte Landschaftsarchitekten wie Nicole de Vésian, Alain Idoux oder Dominique Lafoucarde haben die Zusammenarbeit mit Nucera gesucht, der für sein Geschick berühmt ist, fließende Übergänge von Gärten und Landschaft zu finden. Vor allem aber findet sein dynamisches Eingreifen zu Gunsten einer bestimmten Eigenschaft zum beiderseitigen Nutzen, ohne das Gewächs erstarren zu lassen oder nur schlicht zu beherrschen, großen Anklang. Mal »erfindet« er eine neue Form und verhilft so einem Baum zu einer überraschend fließenden Leichtigkeit, ein anderes Mal will er das Gegenteil bewirken und verdichtet die ursprüngliche Gestalt. Seine Objekte können Mandelbäume oder Platanen, Eichen oder Buchsbaum, aber auch ein Rosmarinbusch oder eine Kleeart wie etwa *Dorycnium fruticosum* sein. In jedem Fall sind diese Pflanzen bereits an Ort und Stelle heimisch und bedürfen weder des Düngens noch der künstlichen Bewässerung. Die Arbeit Nuceras besteht allein im regelmäßigen Eingriff in die formale Entwicklung.

Marco Nucera

In den letzten Jahren hat sich Nucera häufig mit alten Obst- und Gemüsegärten und ihrer Umgestaltung zu reinen Ziergärten beschäftigt. Viele dieser Gärten besaßen bereits wunderschöne Hecken aus Zypressen oder Thuya. Immer wieder hatte er mit ansehen müssen, wie ein Eigentümer derartige »Reichtümer« herausriss und durch sterile Mauern ersetzte. Je stärker jedoch der Wunsch zur Beseitigung eines Baumes auftritt, desto mehr

Geschichte in die Gestaltung der Zukunft einfließen zu lassen.

Marco Nucera startete seine Karriere in zwei Gartenbaubetrieben von Carpentas und Châteauneuf-du-Rhône. Später arbeitete er drei Jahre lang an der Erneuerung eines Olivenhains mit 500 Bäumen und verhalf ihnen zu neuer Fruchtbarkeit – ein Job, der ihn lehrte, die Pflanzen im ästhetischen wie produktiven Sinne zu respektieren.

setzt sich Marco Nucera für eine Lösung ein, bei der der Baum seinen Platz (wieder-) findet. Er versucht seinen Kunden zu erklären, dass so ein Baum ebenso wie etwa ein altes Landhaus zum kulturellen Erbe zählt und durchaus erhaltenswürdig ist. Auch ein schon abgestorbener Baum kann erneute Schönheit erlangen. Schließlich ist es der Tod, der neues Leben ermöglicht und die Evolution immer wieder von Neuem nährt. Nucera sieht seine Aufgabe nicht darin, am Vergangenen festzuhalten, sondern er bemüht sich vielmehr, die Lehren der

Der gestaltete Garten

Für seine Arbeiten seit 1991 wurde Marco Nucera 1995 mit dem Preis des »Meilleur Artisan du Var« ausgezeichnet. Wenig später ließ er sich im Norden der Alpilles nieder, seiner Lieblingsregion Frankreichs, in der er schon seine Kindheit und Jugend verbracht hatte. Vieles, was ihn heute bestimmt, verdankt Nucera seiner Familie. Sein Vater war Arbeiter in einer Tabakfabrik in Marseille und beschäftigte sich nebenbei mit dem Bau von Holzmöbeln und Automaten und, was besondere Erwähnung verdient, eines bis ins kleinste Detail durchkonstruierten Puppenhauses. Der kleine Marco entwickelte ein ausgeprägtes Interesse für das »Kuriositätenkabinett« seiner Großmutter, das ihn verschiedenste Materialien kennen und lieben lernen ließ: Da gab es Versteinerungen, einen Steintopf aus der Vorzeit, ein Steinchen aus einer gallo-romanischen Mauer, eine Muschelsammlung,

Arrangements als Zitat des modernen englischen Malers Francis Bacon: Es sei »eine zeitlose und wertvolle Erkenntnis, dass die Dinge einfache Formen besitzen und sich nur wenig unterscheiden und dass jede Gattung graduelle Abweichungen wie Übereinstimmungen erzeugt«.

Die Mutter ist Wahrsagerin und eine raffinierte Köchin, die in diesen Tätigkeiten ihre künstlerische Ausdrucksmöglichkeit gefunden hat und den Stoff

die Schädel wilder Tiere... Heute befindet sich das Haus der Großmutter im Besitz des Floristen und Blumenkünstlers Christian Tortu, einem Anhänger Marco Nuceras, der sein »Idol« in den alten Stallungen wohnen lässt. In dem kleinen Innenhof des Anwesens finden sich heute einige der alten Kostbarkeiten wieder, die Nucera rund um seine »Arbres en pot« in Szene gesetzt hat, um dort den symbolhaft pflanzlichen wie mineralischen Rahmen der Buchsbaum-Miniaturgärten in Pflanzenkübeln zu bilden. Marco Nucera versteht diese

des Lebens in vielfältiger Weise variiert. Ihr Sohn schätzt besonders ihre Soupe au pistou, die Gemüsesuppe. Er selbst ist eher mit seinen Blumentöpfen als mit den Kochtöpfen befasst. Doch glücklicherweise gefällt es seiner Freundin Maude, ihn mit einer soliden mediterranen Küche auf der Grundlage von Fisch, Olivenöl, frischem Gemüse und Kräutern zu bekochen. Gleichwohl erzählt Marco gerne von seinem ersten eigenen Zuhause, wo er auf einem alten Holzherd kochte und schon am Morgen eine Suppe zubereitete, die den ganzen Tag auf dem

Feuer köchelte. Dafür briet er Zwiebeln und Fleisch an und gab später irgendwann Gemüse dazu. Er aß, wenn er abends nach Hause kam, und es schmeckte immer wunderbar! Heute kocht er vor allem, wenn seine Freunde den Einladungen in seinen heimlichen Garten folgen, den er »le Terrain« nennt.

Der wunderbare »heimliche Garten«

Le Terrain ist Freiluftatelier und Refugium zugleich. Es besteht aus drei lang gestreckten Parzellen und liegt am Rande des Ortes, in der Nähe der von Zypressen- und Thuya-Hecken eingefassten alten Obstgärten. Zwischen die alten Pflaumen- und Kirschbäume hat Marco zahlreiche neue Obstsorten gesetzt, die mittlerweile so gut angegangen sind, dass die Bäume reichlich Früchte tragen. In diesem Garten experimentiert er mit seinen Ideen, genüsslich an ein paar Brustbeeren knabbernd...

Zentrum des Terrain bildet ein mit einem Steinkreis eingefasster Altartisch, um den sich Holzskulpturen und Buchsbäume gruppieren, deren unregelmäßig angeordnete Pflanzlöcher den Spuren eines Maulwurfs gefolgt sind. Eine Chaiselongue und der schmiedeeiserne Tisch für die Mahlzeiten im Freien stehen im kühlen Schatten einer Hecke. Auf der nahen Wiese findet sich inmitten der in einem Versuch ausgesäten Blumen eine alte Badewanne, die Marco im Sommer mit dem Gartenschlauch – eigentlich zum Sprengen der empfindlichen Pflanzen gedacht – füllt, um sie als »Pool« zu nutzen. Landschaftsgärtner, die hier einen Mangel an Struktur beanstanden, werden von Marco Nucera auf den Blickfang Badewanne hingewiesen, der aus den hohen Gräsern hervorlugt. Außerdem hat er die Möglichkeit, die fließende Atmosphäre des Ortes mit Hilfe von ein paar »Personen« im Gänsemarsch einzufangen – dargestellt von einigen toten, umgekehrt auf die Gabelungen gestellten Pinienzweigen, die Marco mit »Marcheurs« (Läufer) oder »Tribu« (Sippe) bezeichnet. Die Arbeit mit toten Bäumen, die nicht nur durch ihre Formen,

sondern auch die mystischen Beige- und Grautöne des verwitternden Holzes bezaubern, beansprucht seine wachsende Aufmerksamkeit und Zuwendung. Da gereicht ein sich im Sonnenlicht goldgelb färbender Baumstumpf zur Hommage an Brancusi, ein mit einem Fassband umschlossener Platanen-»Torso« zur Venus. Rostige Eisenbänder gehen mit den alten Zypressen vollendete, unter dem Einfluss des Windes gebeugte Farb- und Formharmonien ein. Die Arbeiten Nuceras sind dynamisch, und es reizen ihn Kompositionen und Konstruktionen, die – wie etwa eine Spirale – erst aus unterschiedlichen Blickwinkeln zu begreifen sind.

Besonders stolz ist er auf den »Planeten«, einen in den Zweigen einer abgestorbenen Zypresse verborgenen, mit rostigem Eisen eingefassten Kupferring, der – in magischer Weise die Abendsonne reflektierend – jene Stunde erwartet, um mit dem letzten Licht in allgegenwärtig glanzloser Aura zu verglühen: eine Hommage an den Kleinen Prinzen, den der Landschaftsgestalter eines Tages zu treffen hofft. Während des Wartens auf diesen Besuch empfängt Marco Nucera seine Künstler-Freunde, die seit dem Beginn der Arbeiten an der Entwicklung des Terrain teilhaben. Im kommenden Jahr möchte Nucera das Gelände einen Sommermonat lang für alle seine Kunden öffnen und die eigenen Werke wie die seiner Kollegen ausstellen: Emmanuel hat einen toten Kirschbaum in einen farbenprächtigen Vogel verwandelt, Jean-Philippe wird seine Ockertafeln zeigen.

Zum gemeinsamen Schaffen der Freunde zählt auch so manches Mahl, bei dem – natürlich – die von Generation zu Generation überlieferten Gerichte der Provence auf den Tisch kommen, die im Grunde so leicht zu bereiten sind wie etwa die Anchoïade, eine Sardellenpaste, die Marco wegen ihrer bescheidenen Art und der Gemüsesorten liebt, die so schön zwischen den Zähnen knacken, oder die Knoblauchmayonnaise Aïoli.

Marco Nucera bringt uns sein Terrain und damit sein Lebensideal mit einem poetischen Rezept nahe... Ob er dieses Gericht wohl auch dem Kleinen Prinzen anbietet?

Fruits frais
Frische Früchte

Man nehme ein verwaistes Stück Land
Man rode das Unkraut, ebne den
Boden und grabe ihn um
Man erhalte die Zypresse wie den
Pflaumenbaum
und achte bei der Umgestaltung
in angemessener Weise die
vorgefundene Form
Man pflanze Feigenbaum,
Grantapfelbaum, Jujube
und andere Obstbäume
Dazu ein paar bäuerlich zünftige
Blüher
Flieder und Falscher Jasmin
mischen ihre Düfte
mit den gemeinen Blüten der Garrigue
Dazu Rosen, die Düfte des Orients,
und leichte Gräser,
die sich im Wind wiegen.
Lass es blühen, sich befruchten
und Früchte tragen

Bilde einen Kreis aus Steinen
im Schatten von Weinreben und Efeu
Lade Freunde ein und Kinder,
Groß und Klein
Lasse die Gedanken schweifen,
von einem Thema zum nächsten
Diskutiere und schwadroniere...
Lasse die Kinder spielen
Lasse sie bauen mit Holz und Kieseln
Der Rahmen wäre geschaffen
Pflücke die Früchte der Saison
Gieb eine Prise Erregung dazu
Begleitet von einem
Côtes-du-Rhône
Dazu eine Messerspitze Gefühl
Probiere und schmecke ab
Beiße hinein
und genieße das Resultat
Beiße hinein
und genieße die Verwirklichung
der eigenen Ideen...

La Grande Aïoli
Knoblauchmayonnaise

Zutaten

Arbeitsaufwand 20–25 Minuten	2 Knoblauchzehen pro Person	pro Eigelb 1/2 Liter Olivenöl
	1 Eigelb für jeweils 3 Personen in Zimmertemperatur (!)	Zitronensaft zum Abschmecken
		Salz, Pfeffer

Die Knoblauchzehen in einem Mörser zu einer homogenen Masse zerstoßen. Das Eigelb hinzugeben, gut verrühren. Weiterrühren und dabei vorsichtig und in kleineren Mengen das Öl hinein träufeln.

Ein Eigelb als Reserve zurückbehalten, um noch einmal von vorn anzufangen, falls die Mayonnaise stockig wird. Erst wenn die Mischung homogen geworden ist und die Konsistenz stimmt, Salz, Pfeffer und Zitrone zugeben.

Diese Mayonnaise eignet sich zu gekochtem Dorsch, harten Eiern, Schaltieren, Rohkost, Wurzelgemüse, Blumenkohl und Pellkartoffeln.

Marco Nucera

Anchoïade
Sardellenpaste

ZUTATEN

2–3 Sardellen pro Person
1 Schuss Olivenöl
1 Spritzer Essig
2 Knoblauchzehen pro Person

Pfeffer
Dazu: Rohkost (Tomaten,
rote Paprika, Gurke,
Blumenkohl u. ä.)

ARBEITSAUFWAND
15–20 MINUTEN

Die Paste lässt sich mit Sardellen aus der Dose sowie mit in Öl oder Salz eingelegten
Fischen herstellen. Die in Salz eingelegten müssen zuvor entsalzen werden.

Die Sardellen waschen und filetieren. In einem Olivenöl guter Qualität wenden und
in der Pfanne auf kleiner Flamme schmoren, bis sie zerfallen. Zerstoßenen Knoblauch,
Pfeffer und Essig hinzugeben und gut verrühren.

Als Dip für Rohkost servieren; geeignet sind geviertelte Tomaten, Artischocken-
herzen, Streifen von rotem Paprika, Gurkenscheiben, Blumenkohl oder Broccoli,
aber auch harte Eier.

Monique und Pierre Cuche

Mediterrane Pflanzen und
Gerichte aus einem Küchengarten
im Département Var

Monique und Pierre Cuche bestellen ihre dreiein-
halb Hektar terrassierter Hänge im Bergland des
Var, nördlich von Draguignan, seit 1979. Die
Pflanzungen mit seltenen und wunderschönen,
teilweise überaus edlen mediterranen Gewächsen
auf rund 350 Metern Höhe über dem Meeresspiegel gruppieren sich um die wenigen alten Olivenbäume, die den berüchtigten Frost im Jahre
1956 überstanden haben. Fast alle Gewächse sind
die sorgsam gehegten Abkömmlinge eigenen Saat-
gutes oder selbst gezogener Stecklinge.
Sowohl Monique als auch Pierre Cuche stammen
ursprünglich aus der Ardèche und sind erst nach
der Pensionierung von Pierre, der zuvor als Allge-
meinmediziner in der Nähe von Privas gearbeitet
hatte, in das Var gezogen. Die beiden fühlen sich
schon seit ewigen Zeiten durch die Vorliebe für
die Welt der Pflanzen verbunden und hatten damals
eine kleine Baumschule aufgebaut, deren Produktion zunächst ihren Freunden vorbehalten blieb,
sehr bald aber durch Mund-zu-Mund-Propaganda
bekannt und auch von der Fachwelt sehr geschätzt
wurde. Mit den Jahren entwickelte das Paar den
Wunsch, seine Erfahrungen in einem Buch zu ver-
öffentlichen. Der große Erfolg von *Jardins du Midi,*
der »Gärten Südfrankreichs« – heute Pflichtlektüre
für jeden Gärtner, der sich im Klima des Mittelmeerraumes ansiedeln möchte – hat die Cuches

motiviert, ein zweibändiges Handbuch *Plantes du Midi,* die »Pflanzen Südfrankreichs«, zu erstellen, das durch weitere Veröffentlichungen ergänzt werden soll.

Heute empfangen die beiden in ihrem Anwesen am Ende der langen, ungepflasterten Zufahrt Besucher aus der ganzen Welt. Trotz ihrer wachsenden Berühmtheit sind sie durchaus erfolgreich um den Erhalt einer gewissen ländlichen Ruhe bemüht: Das Familienleben hat unter allen Umständen Vorrang, und so soll es auch bleiben. Wenn dann im Sommer endlich die Kinder und Enkelkinder zu Besuch kommen, finden sich oft genug 15 Personen am Esstisch ein...

Farben und Aromen der Provence

Im Küchengarten der Monique Cuche gibt es fast das ganze Jahr hindurch etwas zu ernten. Die Saison beginnt mit den Dicken Bohnen der ersten Frühlingstage und endet mit den Kichererbsen im Winter. Nahezu das gesamte Gemüse in ihrer Küche stammt aus dem eigenen Garten. Kurz vor der Mahlzeit wird gepflückt und aus dem Boden gezogen, was gerade reif ist. Das Gemüse kommt direkt aus dem Beet in den Topf und ist außerordentlich schmackhaft. Der Garten schwelgt in den charakteristischen Farben und Aromen der Provence und wird umso mehr geschätzt, als während der Kindheit der Küchengarten des Vaters in der Ardèche zwar gut bestellt war, jedoch weder Auberginen noch Paprika oder Zucchini zu bieten hatte. Andererseits stammte von dort die traditionelle Löwenzahnkur, auf deren »Anwendungen« ein Bruder von Monique noch heute schwört: Einen ganzen Monat lang gibt es ausschließlich Salat von jungen Löwenzahnblättern, die mit Speck oder Sardellen variiert werden. Auch das äußerst delikate Esskastanien-Mus – ein von der Schwiegertochter und ihrer Tochter übernommenes Rezept aus dem selbst erstellten Kochbuch der

Mutter Moniques – gehört noch heute zum Repertoire der Familie, an dem alle teilhaben: Wer nicht beim Einkochen dabei ist, hilft zumindest, die Haut der Kastanien abzuziehen.

Anders als damals üblich hat die Mutter ihrer Tochter Monique nicht das Kochen beigebracht. Bis zur Hochzeit war Monique einer Arbeit außerhalb des Hauses nachgegangen, und ihre Karriere als Köchin begann erst, als sie ihren späteren Ehemann kennen lernte. Und der hatte schon damals einen gesunden Appetit...

Als Monique begann, ihre Küche einzurichten, kaufte sie als erstes eine kleine Pfanne. Doch Pierre guckte entsetzt, denn er bezweifelte, jemals wieder satt zu werden. Also tauschte Monique die kleine Pfanne gegen eine große und kaufte außerdem einen riesigen Schnellkochtopf – groß genug, um einen ganzen Schinken zu garen! Von der Gebrauchsanweisung des Topfes, die ganz bemerkenswerte Rezepte enthielt, lernte sie dann das Kochen. So schwer ist das ja auch gar nicht! Pierre lobte sie unaufhörlich, gab ihr allerdings später am Abend oder am nächsten Tag schon mal einen Ratschlag, wie dieses oder jenes Gericht ein bisschen zu verfeinern sei... Und während Monique sich nie etwas auf ihre Kochkünste einbilden mochte, musste sich Pierre in der Küche schon bald geschlagen geben.

Heute hat jeder von ihnen seine Spezialität. Pierre mag Fisch, den er, wie Forellen, Fischfilet oder Barben, in der Pfanne brät und mit Weißwein oder Rosé ablöscht. Tunfisch bereitet er mit einer Senf- und Sahnesauce oder mit Tomaten und Kapern zu. Außerdem schwärmt er für Kartoffeln mit Knoblauch, Thymian und einem Schuss Weißwein.

Ist ein Fisch für die Pfanne zu groß, lässt Monique ihn im Ofen garen. Ihre Spezialität sind noch immer die Gerichte im Schnell- oder Dampfkochtopf, aber auch die im Backofen bereiteten Speisen. Und weil sie, wie es eigentlich in jeder Familie üblich ist, alle Essensreste verwertet, gibt es bei ihr öfter mal ein Omelette oder sehr schmackhafte, mit dem übrig gebliebenen Fleisch gefüllte Teigtaschen. Weil sie nicht so viel Zeit mit

dem Einkaufen verbringen mag, kauft sie das Fleisch in einem großen Supermarkt ganz in ihrer Nähe, den Fisch allerdings in einem anderen, denn auch bei den großen Ketten gibt es Qualitätsunterschiede. Außerdem schätzt sie das Angebot biologischer Produkte und kauft am liebsten Fleisch aus bekannter Herkunft.

Düfte der Garrigue

Die Küche der Cuches schwelgt in den Düften und Aromen von Thymian, Pfefferkraut, Salbei, Fenchel, Lorbeer und Rosmarin, die in der umliegenden Hügellandschaft wuchern. Im Umgang mit Rosmarin ist man bei den Cuches allerdings etwas zurückhaltender, weil er einfach so manches zartere Aroma überspielt. Die Kräuter halten auch mit dem hausgemachten Öl in der Küche Einzug – übrigens nach einem Rezept, das dem Beiheft einer Friteuse entstammt!

Der Nachtisch besteht meist aus Obst aus dem Garten, das im Sommer frisch und im Winter aus dem Weckglas oder als Aprikosen-, Quitten- und Kirschmarmelade auf den Tisch kommt. Mit zunehmendem Alter essen Monique und Pierre Cuche immer weniger und bevorzugen eine

zunehmend schlichtere und leichtere Kost, bereiten
seltener eine Sauce, häufiger dagegen Gegrilltes,
Fisch, Gemüse und Früchte.

Der Wein zählt zu ihren großen Freuden beim
Essen. Ihr Keller ist in der Größe bescheiden, bietet
aber ausgesuchte Weine. Auch auf diesem Gebiet
kannte sich Pierre zunächst besser aus, seine Frau
aber holte die Versäumnisse schnell nach. Ohnehin
mag sich ihr Mann kaum an Dingen erfreuen, die
er nicht mit ihr teilen könnte. Zusammen haben
die beiden so manche gute Adresse im Bordelais
aufgetan und erinnern sich lebhaft an einen wunderbaren Vacqueyras, den sie gemeinsam in einem
versteckten Restaurant bei den Dentelles de Mont-
mirail entdeckten... Durchschnittlich drei Mal im
Jahr gehen die beiden auf Entdeckungsreise. Da
werden nicht etwa Gärten besichtigt, sondern
Antiquariate durchforstet, Märkte auf den Dörfern
besucht und ferne Küchen ergründet. In ihrem
Auto steht dann ein Gaskocher, und außer einigen
Töpfen und Pfannen haben sie immer auch den
Schnellkochtopf dabei, in dem sie den Reis für die
freundliche Hündin Gaura kochen.

Abends wird im Restaurant gegessen. Die einst
fleißigen Leser haben ihr Abonnement einer
bekannten Gastro-Zeitschrift abbestellt, weil diese
ihre Reise-Rubrik zu Gunsten immer aufwändi-
gerer Rezepte eingeschränkt hatte. Die Cuches
scheuen heutzutage keine Mühe, um seltene und
besonders schöne Pflanzenarten aufzuspüren, aber
beim Essen sind sie mehr und mehr an den einfachen Freuden der guten ländlichen Küche interessiert, die aus gesundheitlichen Gründen gerne
etwas leichter ausfallen darf als anno dazumal, ohne
allerdings die für den Süden typische Aromafülle
einzubüßen. Ein Abendessen nach ihrem Geschmack besteht etwa aus jungen dicken Bohnen
mit ein paar Scheiben Wurst aus der Ardèche und
etwas Käse, oder, wenn Gäste da sind, einer
schmackhaften Crème brûlée, der berühmten karamellisierten Eierspeise zum Nachtisch. Denn
Monique Cuche mag es, wenn es ihrem Besuch
schmeckt, und sie freut sich, wenn alle Teller leer
gegessen werden!

Chaussons à la viande
Mit Fleisch gefüllte Teigtaschen

ZUTATEN FÜR 4 PERSONEN

ARBEITSAUFWAND
45 MINUTEN

GARZEIT
25 MINUTEN

200 g Mürbeteig	2 Esslöffel Sahne
250 g Hackfleisch, schon zubereitet	1 Esslöffel Fleischjus
1 Ei	Salz, Pfeffer, Petersilie, Estragon

Das gare Hack vom Rind, Lamm oder Huhn mit dem Ei, der Sahne, dem Jus und den Gewürzen vermengen.

Den Teig ausrollen und in Taschenform ausrädeln. Die einzelnen Teigplättchen mit je einem guten Löffel voll Fleischmischung belegen. Den Teig zu einer halbmondförmigen Tasche klappen und die Ränder gut zusammendrücken, sodass der Inhalt nicht austrocknet. Den Backofen auf 210 °C (Stufe 7) vorheizen. Die Teigtaschen auf ein gut gefettetes Backblech legen und etwa 25 Minuten backen, bis sie goldbraun sind. Vor dem Backen können die Teigtaschen mit einem verrührten Eigelb bepinselt werden.

Heiß servieren. Dazu schmeckt am besten ein grüner Salat.

Lapin à la moutarde en papillotes
Kaninchen mit Senf (in Folie)

ZUTATEN FÜR 5 PERSONEN

ARBEITSAUFWAND
25 MINUTEN

GARZEIT
35 MINUTEN

1 ganzes Kaninchen (alternativ auch 1 Hühnchen), zerlegt	1 Schuss aromatisiertes Öl
2 Esslöffel Senf	Thymian, Salz, Pfeffer
	Aluminiumfolie

Die Aluminiumfolie nach Anzahl und Größe der Kaninchenteile zerteilen. Das Fleisch mit dem aromatisierten Öl und dem Senf bestreichen. Salzen, pfeffern und mit Thymian bestreuen. Jedes Teil in Alufolie wickeln und die Folie gut schließen. Im Backofen bei 240 °C (Stufe 8) etwa 35 Minuten garen.

Épaule d'agneau aux pommes de terre
Lammschulter mit Kartoffeln

ZUTATEN FÜR 5 PERSONEN

ARBEITSAUFWAND
15 MINUTEN

GARZEIT
35 MINUTEN

1 Lammschulter, etwa 1 kg	2 Esslöffel Kräuteröl
1 Esslöffel Erdnussöl	Salz
1 kg Kartoffeln	

Eine flache Ofenform mit Erdnussöl ausstreichen, darauf die Lammschulter legen. Mit dem Kräuteröl bepinseln. Die Kartoffeln zu kleinen Würfeln schneiden und um die Lammschulter drapieren. Fleisch und Kartoffeln salzen. Im heißen Backofen bei 240 °C (Stufe 8) etwa 35 Minuten garen; das Fleisch bleibt so schön rosa und zart. Nach knapp 20 Minuten sollten das Fleisch und die Kartoffeln umgewendet werden. Heiß servieren. Dazu schmeckt ein grüner Salat.

Clafoutis de griottes
Kirschauflauf

Zutaten für 4 Personen

1 Glas Milch oder Sahne	150 g Kirschen oder
1 Esslöffel Mehl	Schattenmorellen, entkernt
2 Eier	Butterflöckchen
3–4 Esslöffel Zucker	

Arbeitsaufwand
20 Minuten

Garzeit
45 Minuten

Eine Auflauf- oder Tortenform ausbuttern, darauf die Kirschen verteilen. Die oben beschriebenen Zutaten zu einem Teig verrühren und über das Obst geben. Bei 160 °C (Stufe 4–5) etwa 45 Minuten im Ofen backen. Schmeckt am besten lauwarm.

Bruno Goris

Eine Schutzhütte
im bergigen Hinterland
der Côte d'Azur

Bruno Goris hat bedeutende historische Gartenanlagen restauriert und sich mit der Pflege der
dortigen Sammlungen von mittlerweile seltenen
Pflanzen einen exzellenten Ruf erworben. Zu den
von ihm realisierten Projekten zählen unter anderem die Gärten der Villa Noailles in Grasse, der
Villa Roquebrune in Cap-Martin und schließlich
der Villa Rothschild in Saint-Jean-Cap-Ferrat.
Goris beansprucht für sich eher die Bezeichnung
Gärtner denn Landschaftsgestalter, denn er kennt
sich keinesfalls nur in der Geschichte und den
Geheimnissen der Gartengestaltung, sondern ebenso gut in der täglichen Pflege der Pflanzen, im
Baumschnitt und ganz allgemein in botanischen
Belangen aus und vereinigt – was heute nur noch
selten vorkommt – praktische wie theoretisch-
konzeptionelle Kenntnisse und Fertigkeiten. In
seiner Freizeit kümmert er sich seit Jahren um
ein rund einen Hektar großes Hanggrundstück auf
gut 600 Metern über dem Meeresspiegel. Dieses
private »Arkadien« des Bruno Goris, zwischen
Grasse und Nizza gelegen, ist ausschließlich zu Fuß
über einen steilen Pfad, den so genannten »Chemin
du Paradis«, zu erreichen.
Das hügelige Terrain diente einst als Sommerweide,
worauf sich die Bezeichnung der dort stehenden
Behausung »L'Oustaou deï Baïléa« noch heute
bezieht. Der Großvater von Bruno Goris hatte sich

kurz nach dem Zweiten Weltkrieg in die fünfzehn recht gedrängten und mit 500 Orangenbäumen und ebenso vielen Olivenbäumen dicht bewachsenen Terrassen vernarrt und das Gelände gekauft. Bruno lernte das Anwesen schon als Kind kennen, und als es ihm später vererbt wurde, entschloss er sich mit nur 23 Jahren, fortan dort zu leben und den Beruf des Grundschullehrers in Belgien aufzugeben. Seitdem hat es ihm schon mal an Geld gemangelt, nie jedoch an Enthusiasmus...

Der Küchengarten des Großvaters

Die erste Maßnahme bestand in der Renovierung der kleinen Terrasse vor dem Haus, unter deren romantischer Weinlaube sich heute wieder herrlich speisen lässt. Die Citrus-Bäume waren nahezu alle während des großen Frostes im Jahre 1956 einge-

gangen, aber Bruno Goris hatte gleich danach etliche neue Aprikosen-, Pflaumen-, Kirsch- und Mandelbäume gepflanzt. Aus dem alten Küchengarten des Großvaters aber richtete Bruno seinen ersten richtigen, auf die eigenen Bedürfnisse abgestimmten Garten her.

Zum Schutz der wertvollen Gevierte vor den kalten Winden, die dann und wann die Berghänge hinab geweht kamen, setzte er eine Hecke von Hopfenbuchen *(Ostrya carpinifolia)*, einer Art, die in dieser hügeligen Gegend heimisch ist und ohne größere Pflege auskommt. Die einzelnen Beete im Garten sind mit niedrigen Hecken aus Rosmarin und Heiligenkraut *(Santolina chamaecyparissus)* eingefasst. Letztere leuchten in der Dämmerung und lotsen Bruno Goris durch den Garten, wenn er kurz vor Dunkelheit noch einmal nach draußen muss, um einen Salat für das Abendessen zu pflücken...

Bereits in den 1980er-Jahren begann Bruno Goris, traditionelles und in Vergessenheit geratenes Gemüse anzubauen, unter anderem vier alte Kartoffel-Sorten und Tomaten unterschiedlichster Färbungen. Natürlich zählten von Anfang an auch Paprika, Auberginen, verschiedene Bohnen-Arten, Knoblauch und eine ganze Palette unterschiedlichster Salate, Gewürze und Kräuter zu seinem »Programm«. Selbst für den Safran-Krokus fand Goris ein geeignetes Plätzchen.

Auf den Beeten der unteren Terrassen wurden Artischocken und Beeren kultiviert. Bruno und sein Gefährte Salah waren damit nahezu autark, denn Letzterer hatte nicht nur Kaninchen und Hühner angeschafft, sondern kümmerte sich zudem um die Aufzucht von Puten, Fasanen, Enten, Tauben... Von den beiden »befreundeten« Schafen, die die oberen Wiesen kurz gehalten hatten, lebt heute allerdings nur noch eines.

Der impressionistische Garten

Im Garten von Bruno Goris hat sich ein wahres Blütenmeer ausgebreitet, das die Stützmauern der Terrassen schon lange überwuchert. Gleichwohl bietet die vor dem Mistral wohl behütete Idylle dem sich nähernden Auge wie der Nase die verschiedensten Reize. Die vertikale Strukturierung erfährt der Garten durch die Obstbäume und – im besonderen Maße – die mächtigen Stämme der jahrhundertealten Olivenbäume. Sollte sich dennoch ein Besucher in der verschwenderischen Vegetation verlaufen, könnte ihm ein Blick auf die Terrakottaziegel des Hausdaches zur Orientierung verhelfen.

Dabei bleibt die Vielfalt auf den Ländereien durch den kalkhaltigen und trockenen Boden durchaus beschränkt, weshalb Bruno Goris die widerstandsfähigen Arten, die mit wenig Pflege auskommen, bevorzugt, etwa bestimmte Klatschmohn, Glockenblumen und verschiedene Zwiebelgewächse. Die Steinlinden *(Phillyrea media),* jene immergrünen Sträucher, die Goris aus der Garrigue in seinen Garten geholt hat, sind seiner Meinung nach noch pflegeleichter als Buchsbaum.

Den pointillistischen Effekt verdankt der Garten vor allem der kenntnisreichen Mischung von Ein- und Zweijährigen, Zwiebelgewächsen und Dauerpflanzen, von Mohn, Lichtnelken, Baldrian, Nieswurz, Lilien und den schier unendlichen Varianten des Salbei. Die besondere Vorliebe des Bruno Goris gilt der algerischen und japanischen Schwertlilie, der *Iris japonica,* während die heimischen Orchideen ohnehin in seinem Garten zu Hause sind. Außerdem wachsen dort blühende Stauden und Sträucher sowie diverse Sorten von Brandkraut (Phlomis) und Cistrosen. Sein eigentliches Steckenpferd aber sind die Rosen. Lange bevor die alten Rosen in Mode kamen, umfasste seine Zucht schon an die 200 Sorten, darunter die überaus seltene *Rosa banksiae*.

Kaum jemand weiß, dass Bruno Goris sich in der Gegend von Grasse einst als Koch eingeführt hat. Er hatte sich gerade angewöhnt, in einem kleinen, von einem französisch-amerikanischen Paar geführten Restaurant zu essen, als die kochende Ehefrau schwanger wurde. Bruno bot sich als Ersatz an und bereitete das Ratatouille und die Gemüsesuppe, als sei er in der Region aufgewachsen.

Gerichte aus aller Welt

Beide Großmütter des Bruno Goris, die eine Wallonin, die andere Flamin, waren begnadete Köchinnen. Weiteren kulinarischen Einfluss nahmen eine italienische Patentante und natürlich seine Mutter. Einen Teil seiner Kindheit hat Bruno Goris zudem in Burundi verbracht, wo er mit der asiatischen und der afrikanischen Küche Bekanntschaft schließen konnte. Mittlerweile hat er sich allerdings einer ganzen Reihe provenzalischer Gepflogenheiten bemächtigt. So steht bei ihm wie in vielen provenzalischen Gerichten das Gemüse im Mittelpunkt, während man in seiner Heimat Belgien umgekehrt das Gemüse passend zum Fleisch aussucht. Doch lebt Bruno Goris durchaus auch seine kosmopolitische Leidenschaft aus, indem er etwa die Lasagne à la Reggiana mit Kürbis und Makkaroni bereitet. Seine Potage de moules à la brabançonne, die Brabanter Muschelsuppe, bringt er als eine Mischung aus Rohem und Gegartem mit Lauch und Chicorée-Kartoffeln auf den Tisch, und die Butter Îles Bourbon stellt er, auf Einflüsse aus der Region um Nantes zurückgreifend, mit Vanille und rosa Beeren her. Brunos Salatmischungen variieren nach Gutdünken und enthalten, was im Küchengarten gerade reif ist. Eine gewisse Vorliebe hegt er allerdings für chicoréeartige Salate wie Frisée, Eskariol oder Brüsseler Witloof.

Basis fast aller Gerichte ist das hauseigene Olivenöl. Pro Jahr ernten Bruno und sein Freund Salah gut 200 Kilo Oliven, die in einer nahen Mühle gepresst werden und bis zu 60 Liter Öl ergeben. Die neu eingeführte AOC-Kategorisierung von Olivenöl aus der Region um Nizza, die einzig die Sorte Cailletier enthalten darf, findet Bruno Goris absolut untauglich! Und er ruft uns in Erinnerung, dass der Platz zwischen den Olivenbäumen traditionell dem Anbau anderer Nutzpflanzen diente. Schon bei den Römern erntete man dort Gemüse, und in jüngerer Vergangenheit verlegte man sich besonders in der Gegend um Grasse auf den Anbau von Duftpflanzen für die Herstellung von Parfum. Seinen genügsamen Lebensstil hat Bruno Goris bis heute auch im Sinne der Ökologie erhalten. Das biologische Gärtnern beschäftigt ihn jeden Tag – sofern ihm die Arbeit Zeit lässt. Unter seinen Klienten und Freunden befindet sich auch das belgische Königshaus, das in der Region einen Garten unterhält. An einem Sommerabend hatten der König und die Königin sich ein Herz gefasst und waren den steinigen Weg hinauf gekommen, um bei Bruno auf der Terrasse zu Abend zu essen. Vielleicht, so meint Bruno, hätte er vorher die Eingangstür streichen lassen müssen, denn die Farbe blättert schon seit Ewigkeiten ab. Doch im Grunde ist das völlig überflüssig, denn in seinem Garten wird gelebt – und gut gegessen...

Malfarti à la bourrache (ou aux épinards)
Borretsch- oder Spinat-Klöße

ZUTATEN FÜR 4 PERSONEN

ARBEITSAUFWAND
45 MINUTEN

GARZEIT
10–15 MINUTEN

1 kg Borretsch
(ersatzweise 1 kg Spinat)
2 Eier
1 Eigelb
300 g Ricotta oder

Ziegenfrischkäse
100 g Parmesankäse
Pfeffer, Salz
Weizenmehl zum Bestäuben
Tomatensauce

Das Blattgemüse gut waschen und in Wasser garen, gut abtrocknen und klein hacken. Die gehackten Blätter mit dem Käse und den Eiern vermengen. Nach Geschmack salzen und pfeffern. Die Masse einige Stunden im Kühlen ruhen lassen. Mit Hilfe von zwei in heißes Wasser getauchten Löffeln Klöße formen, die mit Mehl bestäubt und in kochendem Salzwasser gegart werden. In hausgemachter Tomatensauce servieren.

Tagliatelles à la crème de citron
Tagliatelle in Zitronen-Soße

ZUTATEN FÜR 6 PERSONEN

ARBEITSAUFWAND
25 MINUTEN

GARZEIT
10–15 MINUTEN

250 g frische Tagliatelle, alternativ
auch gekochter Fenchel
5 Eier
Saft von 2 Zitronen

Schale von 1/2 Zitrone
Pfeffer, Salz
mildes Olivenöl

In einem Stieltopf mit dickem Boden oder in einem Einsatz für ein Wasserbad die Eier schaumig schlagen, dann mit dem Zitronensaft und der geriebenen Zitronenschale sowie Pfeffer und Salz verrühren. Auf kleinster Flamme erhitzen und ständig mit dem Schneebesen weiter schlagen, bis die Masse zu einer dickflüssigen Creme geworden ist.
Vom Feuer nehmen und zum Abkühlen 2–3 Esslöffel Olivenöl unterrühren. Wahlweise über den im Dampf gegarten Fenchel oder die in Salzwasser gekochten Tagliatelle geben.

Curry de fruits
Früchte-Curry

ZUTATEN FÜR 6 PERSONEN

ARBEITSAUFWAND
20 MINUTEN

GARZEIT
60 MINUTEN,
BEI BEDARF
AUCH LÄNGER

15 cl Olivenöl
2 große Zwiebeln
milder Curry, Chili oder
Cayennepfeffer

900 g klein geschnittenes
Trockenobst
1/2 Liter Tomatensauce bzw. die
Zutaten für so eine Sauce

Die gehackten Zwiebeln im Olivenöl bräunen, den Curry zugeben und kurz mitbraten. Dann das Trockenobst und die Tomatensauce oder eben die Zutaten dafür darübergeben, gut verrühren, aufkochen lassen und auf kleinster Flamme mindestens 60 Minuten zugedeckt köcheln lassen. Mit weißem Pilau-Reis servieren.

Jean-Luc Danneyrolles

Gaumenfreuden wie in
guten alten Zeiten
und eine außerordentliche
Artenvielfalt im Luberon

Die Ortschaft Saignon thront über dem Pays d'Apt im Herzen des Luberon. Seit 1984 bepflanzt Jean-Luc Danneyrolles jenseits der mittelalterlichen Häuser dieses Marktfleckens die elf Terrassen, die nach und nach den fünf Hektar umfassenden Potager d'un curieux – den Küchengarten eines Neugierigen – eingenommen haben. Diese Bezeichnung stammt aus einer Veröffentlichung von A. Paillieux und Désiré Bois aus dem Jahre 1892, die heute als Standardwerk über kulinarische Raritäten gilt. Wie seine Vorgänger hat auch Jean-Luc Danneyrolles seinen leidenschaftlichen Wissensdurst auf die ganze Welt ausgedehnt. Es ist gerade die Globalisierung auf unterster Ebene, die mit dem Erhalt der Artenvielfalt der weltweiten Uniformität entgegenwirkt. In dem Vorwort zu seinem eigenen Buch *Le Jardin extraordinaire* – Der außergewöhnliche Garten – beschreibt Monsieur Danneyrolles sein eigentliches Anliegen: »Es sind alle Kontinente repräsentiert. Alle Geschmacksrichtungen, die ungewöhnlichsten Formen, alles soll berücksichtigt sein. Der grazile Kuba-Spinat steht neben der dornigen Spanischen Goldwurzel, die Erdartischocke (auch Topinambur) bleibt an der Seite des Japanischen Knollenziest erhalten.« Jean-Luc Danneyrolles hat eine fabelhafte Internetseite eingerichtet, auf der er seine landwirtschaftlichen Unternehmungen

123

erläutert und für seinen Betrieb und den Handel von verschiedensten Produkten aus nicht genmanipuliertem Saatgut wirbt. Da wird etwa ein Korb angeboten – dekorativ gefüllt mit dem, was der Küchengarten in der Saison bietet: eine Jamaika-Igelgurke, die Früchte der Teufelskralle und der Giftbeere (auch Blaue Lampionblume), getrocknete Chilischoten, bunter Mais... Außerdem erscheint der poetische Bauer höchstpersönlich jeden Samstagmorgen auf dem Markt von Apt und bietet die in jeder Hinsicht art- und kunstgerechten Kostproben seiner Produktion feil.

Das Gärtnern als Symbiose von Kunst und Kultur

Jean-Luc Danneyrolles erzählt gerne, dass er die Gärten zur selben Zeit wie die Liebe entdeckt hat. Zusammen mit seiner Frau, einer Kunstlehrerin, hatte er die Stadt verlassen, um auf dem Land zu leben. Seit langem schon ist es sein Traum, die Gartenarbeit auch im prosaischen Alltag als künstlerische und kulturelle Tätigkeit auszuleben.

So hat er sein Gewächshaus mit großen blauen, von Matisse inspirierten Silhouetten dekoriert und die Gießkannen mit bunten Motiven bemalt. Dort wachsen allerlei Raritäten, etwa die Krause Minze und die Bergamotte-Minze, der See- und der Flechten-Beifuß sowie hunderte andere ebenso interessante wie aparte Spezies. Jean-Luc, der aus Lyon stammt, ist in der Tradition einer hoch entwickelten, raffinierten Küche mit verschiedensten Aufläufen und aufwändigen Fleischgerichten aufgewachsen. Seine Frau, die aus der Gegend um Bresse kommt, hat dagegen schon in ihrer Kindheit das gute Geflügel und den reich bestückten Küchengarten ihrer Eltern kennen gelernt. Auch heute sind die beiden keinesfalls Vegetarier, vielmehr teilen sie sich jedes Jahr mit einem der Nachbarn ein ganzes Schwein und genießen das zarte Lammfleisch der Tiere aus der Nachbarschaft.

Isst Jean-Luc allerdings allein zu Mittag, gibt es kaum mehr als etwa eine Tomate mit Sardellen- oder Olivenpaste. Diese eine Tomate aber ist von höchster Qualität und zählt zur Sorte der »Cœur de bœuf«, der »Tomate des Andes«, der »Khaki« oder gar der »Marmande«... Jean-Luc Danneyrolles behauptet, kein Fundamentalist zu sein, und gibt auch gern zu, dass aktuelle Sorten angeboten werden, die durchaus schmecken, wenn sie denn artgerecht angebaut werden. Die Tomate der Sorte »Tigre vert«, die man mittlerweile fast überall kaufen kann, hatte er einst von der Tochter Albert Camus' geschenkt bekommen. Im Jahr 2000 wuchsen auf seinem Boden mehr als 400 verschiedene Sorten! Monsieur Danneyrolles schwört besonders auf die Unkompliziertheit der mediterranen Küche und vor allem auf die Idee, etwas mit dem anzufangen,

was Garten und Stall gerade bieten. Der Mittel-meerraum als Schmelztiegel der Kulturen erfährt aber auch Inspiration durch seine abwechslungs-reiche Historie. Jean-Luc ist Anhänger des französi-schen Historikers Fernand Braudel und dessen Idee vom Wissen um die Vergangenheit, das die eigene Lebensweise und eben alles Sein bestimmt. Und mit entsprechendem Stolz gedenkt er seiner italieni-schen, »vielleicht sogar auch maurischen Vorfahren«. Das Haus des Ehepaares Danneyrolles ist auf den Ruinen einer römischen Villa erbaut, und aus den Scherben und anderen kleinen Überresten, die auf dem Grundstück gefunden wurden, hat man mit Hilfe einiger Schüler aus Saignon ein rechteckiges Mosaik ausgelegt. Dessen Mitte bilden einige Steine aus der Jungsteinzeit, die von Scherben römischen Ursprungs eingefasst sind.

Gärten und Menschen

In der Küche lässt sich Jean-Luc Danneyrolles von Einflüssen aus dem gesamten Mittelmeerraum inspi-rieren. Er liebt es, in der Küche zu stehen, ganz so wie sein fünfzehnjähriger Sohn, der sogar davon träumt, einmal Koch zu werden. In Saignon gilt es immer eine ganze Reihe von Leuten zu beköstigen. Außer den Eltern und ihren vier Kindern sitzen die Praktikanten und die jüngeren Mitarbeiter mit am Esstisch. Der biologische Anbau ist wegen des

Unkrautjätens, der Ernte und dem Bearbeiten des Erdreichs, was keinesfalls maschinell, sondern aus-nahmslos manuell geschieht, arbeitsintensiv.

Jean-Luc Daneyrolles ist obendrein Geschäftsfüh-rer der Vereinigung »L'Allée«, die in Grund- und Mittelschulen für »das Gärtnern als kreative und Bürger-Aufgabe« wirbt und sich zudem um Prakti-kanten für seinen Betrieb kümmert. Die Teilnahme an der Arbeit im Garten bietet vielfältige Möglich-keiten zur Integration eines breiten Spektrums der Gesellschaft. Da werden nicht nur die Kleinsten mit den Vorgängen bekannt gemacht oder sozial auffäl-lige Ältere therapeutisch beschäftigt.

Die Aktivitäten des Jean-Luc Danneyrolles stoßen besonders beim Fachpublikum auf ein riesengroßes Interesse. 1999 richtete er unter anderem anlässlich des »Festival des Jardins« in Chaumont, im L'Espace Van-Gogh und im Kloster Saint-Trophime in Arles Küchengärten ein. Berühmte Sterne-Köche wie Alain Ducasse oder Reine Sammut haben ihn beauftragt, Küchengärten für ihre Restaurants an-zulegen. Er selbst folgt beim Kochen allein seiner Intuition und versucht keinesfalls, den großen Köchen nachzueifern.

Dennoch versteht man sich. Vor allem schätzt man seine Kenntnisse und Erfahrungen mit den tradi-tionellen Erzeugnissen und seine zukunftsorientierte Fantasie im Sinne der (Aus-)Bildung der Jugend wie seinen vorausschauenden Blick auf die Bedürf-nisse von Morgen.

Mesclun de printemps
Frühlingssalat

ZEITAUFWAND
FÜR DAS PFLÜCKEN
UND ERNTEN
30 MINUTEN

ZUBEREITUNG
DES SALATES
EBENFALLS
30 MINUTEN

Man nehme ein Messer und einen Korb und begebe sich damit in den Garten oder auch in die freie Natur. Man pflücke Roten Chicorée, eine Kreuzung aus Chicorée und Radicchio, und verwende ausschließlich dessen bläulich-rote Herzen. Auch von dem Frisée- und Eskariolsalat sollten nur die inneren, sehr zarten Blätter Verwendung finden. Man vergesse keineswegs, die letzten zarten Rauke-Blätter zu pflücken, bevor diese ins Kraut schießen. Ebenso ist mit dem Kerbel zu verfahren.

Im Frühbeet wäre nach Kopfsalat Ausschau zu halten, der hier den Winter überdauert. Besonders lecker sind die äußeren Blätter der Sorten Reine de Mai, Sanguines, Langue de Bœuf oder Feuilles de chêne (im deutschsprachigen Raum als Eichblattsalat bekannt), und dazu ein paar Wegerichblätter. Unterhalb von Hecken, an Mauern und in anderen verwilderten Ecken des Gartens lassen sich bestimmt ein wenig Wilder Feldsalat und ein paar schmackhafte Blätter der Rapunzel-Glockenblume oder der Schwarzwurzel finden. Nun pflücke man einige Blüten, etwa von Veilchen oder vom Borretsch, der gerade erblüht. Die Ausbeute wird unter fließendem Wasser gewaschen und anschließend vorsichtig geschleudert. Für die Sauce zu dieser bunten Mischung verrührt man eine kleine Menge eines sehr guten Olivenöls mit hausgemachtem Essig bzw. etwas Zitronensaft und fügt ein oder zwei Zehen Knoblauch, ein wenig Senf, einen Hauch frisch gemahlenen Pfeffers und eine fein gehackte Schalotte hinzu. Die Blüten dürfen erst kurz vor dem Servieren beigemischt werden.

Salade de légumes racines
Salat von Wurzelgemüsen

ZEITAUFWAND
FÜR DAS ERNTEN
CA. 30 MINUTEN

FÜR DIE
ZUBEREITUNG
60 MINUTEN

Die sechs schönen lilafarbenden Kartoffeln und eben so viele gelbe und rote Oca-Knollen kommen aus dem Keller. Im Garten werden fünf oder sechs Topinambur oder eine Kaffeeschale mit Japanischem Knollenziest sowie zwei Pastinaken und zwei Karotten aus dem Boden gezogen. Dann gilt es, einen kleinen Strauß Petersilie zu pflücken. Der Knollenziest, die Kartoffeln und die Ocas werden gewaschen, aber nicht geschält. Die Pastinaken, die Karotten und die Erdartischocken sollte man waschen und schälen. Die Karotten, die Pastinaken, die Kartoffeln und die Topinambur kommen für 30 Minuten in den Dampfkochtopf, die Ocas und der Knollenziest benötigen nur 15 Minuten Garzeit. Nun muss das Gemüse abkühlen, damit die Kartoffeln gepellt werden können. Außer dem Knollenziest und den Ocas gehört alles Gemüse in Scheiben oder Würfel geschnitten. Aus Olivenöl, Essig, Senf, Salz, Pfeffer und Petersilie wird eine Salatsauce bereitet. Das Gemüse wird auf einem tiefen Teller arrangiert, die Sauce dazu gereicht. Das Ganze schmeckt auch lauwarm.

Salade de tomates pleine de couleurs
Bunter Tomatensalat

ZEITAUFWAND
FÜR DIE ERNTE IM
GARTEN
CA. 15 MINUTEN

ARBEITSAUFWAND
FÜR DEN SALAT
WEITERE
30 MINUTEN

In der Zeit von August bis Oktober knipse man zwölf schöne Tomaten von den Stauden: Man nehme zwei rote (der Sorten Cœur de bœuf, Andes oder Marmande), zwei grüne (Raisin vert, Toujours vert oder Zébrée vert), zwei rosé farbende (Rose de Berne oder Côtelée de Valence), eine orangene (Khaki oder Carotina), eine weiße (Blanche de Québec), zwei schwarze (De Cosebœuf oder De Crimée) und eine gelbe (Grosse lisse oder Pêche jaune). Dazu kommen ein paar rote, gelbe und weiße Zwerg-Tomaten (Poire rouge, Poire jaune und Cérise). Dann zupft man die Blätter von einem großen Zweig Wilden Portulaks. In der Küche werden die Tomaten gewaschen, die großen in Scheiben geschnitten. Die Portulak-Blätter gehören gewaschen, die Stengel werden gekappt. Nun

legt man eine große Platte mit den Blättern aus – einige sollte man für die Dekoration
übrig behalten.
Darauf werden, bunt gemischt, die Tomatenscheiben drapiert. Das kann so aussehen wie
ein Gemälde oder eine malerische Landschaft. Darüber werden die übrigen Portulak-
Blättchen, gewürfelter Schafskäse (Feta) und die kleinen Tomaten verteilt. Drei Esslöffel
Olivenöl, ein Esslöffel Essig, Salz und Pfeffer runden den Geschmack ab…

Zeitgemäße

Tendenzen

Danielle Arcucci

Sanfter Tourismus
in einer mittelalterlichen Ortschaft
im Département Drôme

La Garde-Adhémar im provenzalischen Teil des Départements Drôme zählt zu den hundert schönsten Ortschaften in Frankreich. In den letzten dreißig Jahren hat man gut drei viertel der Häuser rund um die wunderbare Kirche aus dem 12. Jahrhundert restauriert. Hoch oben auf der felsigen Bergspitze mit Blick in das Rhône-Tal thront das Gotteshaus über einem lieblichen Flickenteppich aus Gärten und Wiesen, ohne dass man allerdings die Autobahn A7 und die Schienen des TGV aus den Augen verliert. Noch weiter entfernt erheben sich die Kühltürme des Kernkraftwerks Tricastin in Pierrelatte, wo zahlreiche Dorfbewohner Arbeit gefunden haben. Danielle Arcucci ist mit einem Wissenschaftler verheiratet und übt seit 18 Jahren das Amt der stellvertretenden Bürgermeisterin aus. Ihr Hauptengagement liegt im Bereich des so genannten »sanften Tourismus«, der seit einiger Zeit als gesellschaftliches Phänomen immer mehr an Bedeutung gewinnt. Ihre einfache aber geniale Idee war es gewesen, auf den verlassenen Terrassen am Fuße der Kirche einen Garten anzulegen und diesen allen Interessierten »als Geschenk« anzubieten. Daraus hat sich ein öffentlicher Park entwickelt, der frei zugänglich ist und dennoch den begeisterten Besuchern einiges Wissen über die Kräuter der Provence zu vermitteln weiß.

Die Parkanlage erfasst in perfekter Manier die Geschichte der zu neuem Leben erwachten Ortschaft, denn sie erinnert nicht nur an die Klostergärten des Mittelalters, sondern spiegelt auch die moderne ländliche Ökonomie dieser Region wie beispielsweise den Anbau und die Verarbeitung von Lavendel, Muskatellersalbei und anderer aromatischer Essenzen. Viele kleine Gemeinden im traditionsbewussten, eben konservativen Frankreich haben in den letzten Jahren derartige öffentliche Anlagen eingerichtet, die ihre Inspiration nicht selten aus dem Mittelalter erfahren und häufig auch ein historisches Denkmal zu integrieren wissen. Nur wenige sind allerdings so erfolgreich wie der Park der Danielle Arcucci. Man sollte allerdings nicht vergessen, dass ihr Vater der Chef-Gärtner des Parc Borély in Marseille war und sie schon als Kind überallhin mitgenommen hat. Sie kannte deshalb die Namen der Rosen sehr viel besser als etwa die ihrer Tanten...

An der Planung des Parkes in Garde-Adhémar hat sich Danielle Arcucci von Anfang an, das heißt seit 1990, beteiligt. Die Fachleute hatten nicht allzu große Hoffnungen auf das rund 3000 Quadratmeter große, stark abschüssige und mit etlichen Steinen und Felsen belastete Gelände gesetzt, das zudem in winzige Terrassen zergliedert war. Bürgermeister Raymond Girbaud, von Beruf eigentlich Landwirt, sowie seine vier Stellvertreter

unterstützen das Projekt jedoch mit großem Engagement. Ein bekannter Physiker lud dort unzählige Schubkarren voller Schafsmist ab. Andere Helfer kümmerten sich um die Verlegung eines unterirdischen Bewässerungssystems und restaurierten die Trockensteinmauern.

Danielle Arcucci und ihr Vater pflanzten insgesamt mehr als 5000 kleine Buchsbaum-Sprösslinge. Die Anlage folgt einem sehr übersichtlichen Entwurf und erschließt sich dem ein wenig erhöht stehenden Betrachter, der etwa eine der Steinmauern erklommen hat, auf den ersten Blick. Das Zentrum des Gartens bildet – der Idee Danielles folgend – eine stilisierte Sonne, deren »Strahlen« die einzelnen Beete gliedern. Die Gartengestaltung ist zugebenermaßen nicht typisch französisch, sondern demonstriert mit der Linienführung der Buchsbaumhecken den nahezu strengen Entwurf seiner Gestalterin.

Medizinische Kräuter

Auf den schmalen Terrassen, die in dieser Gegend »restanques« genannt werden, sind rautenförmige Beete mit Heilkräutern angelegt. Darin stecken keramische, von Danielle Arcucci persönlich beschriftete Schilder mit den Pflanzennamen. Ihre Farbe bezieht sich auf die Organe, zu deren

Heilung sich die jeweiligen Pflanzen anwenden lassen: Gelb steht für die Leber, Rot für das Herz und die Blutgefäße, Blau für das Atmungssystem usw. So lernt der Besucher, dass die Kartoffelstärke ein gutes Mittel gegen einen Sonnenstich ist, dass die Blätter der Wiesenschafgarbe (der in dieser Region wohl am stärksten verbreiteten Pflanze) Blutungen stillen können, und vieles andere mehr. Das Kochen mit Kräutern bedeutet Danielle Arcucci nicht nur eine Leidenschaft, die sie mit ihrer Mutter wie ihrer Tochter teilt, sondern vielmehr auch eine Art von vorbeugender Medikation. Auch wenn etliche der Heilpflanzen in rohem Zustand geradezu schädliche und lebensgefährliche Wirkungen aufweisen, sind sie in zubereiteter Form umso nützlicher. Der knollige Beinwell (auch Rauhe Wallwurz) etwa, der in vielen »Bio«-Gärten zu finden ist, kann – roh in einem Salat gegessen – tödliche Gifte entfalten, doch wenn er in Teig getaucht und ausgebacken wird, so kann ihm keine nachteilige Wirkung nachgesagt werden.

Aromatische Verbindungen

In den Augen Danielles wird der Charakter der regionalen wie nationalen Küche wesentlich durch die Gewürze geprägt. Sie erinnert sich etwa an einen Aufenthalt in England, wo die Großmutter

einen köstlichen Rinderbraten zubereitete – und Minze verwendete!

Bestimmte Paarungen haben sich in der Provence zu wahren Klassikern entwickelt. So gehört zu einem gegrillten Fleisch Rosmarin, auf eine Pizza Majoran, ein Kaninchen würzt man mit Pfefferkraut, Schweinefleisch dagegen mit Salbei, Nudelgerichte und eine Gemüsesuppe schmecken am besten mit viel Basilikum, und überhaupt werden alle Gerichte mit Thymian und Lorbeer verfeinert. Die meisten der leicht zu kochenden Rezepte in Danielles Küche stammen von ihrer Mutter.

Während Danielle im Grunde der provenzalischen Küche verhaftet bleibt, nimmt ihre Tochter die Einflüsse fremder Küchen bereitwillig auf. Und hin und wieder erliegt auch Danielle den Versuchungen der orientalischen Aromen, wobei Ingwer das einzige Gewürz ist, das sie im Supermarkt kaufen muss. Lieber erledigt sie ihre Einkäufe allerdings auf dem wunderschönen Markt in der Rue Pierrelatte. Bei ihr gleich um die Ecke gibt es eine kleine Épicerie, ein Lebensmittelgeschäft, das die Produkte der benachbarten Bauern verkauft. Für den Fall aber, dass sie ein wenig Basilikum (auch thailändisches) oder Oregano für eine Pizza benötigt, braucht sie sich nur ein Sträußchen von ihrem Arbeitsplatz mitzubringen, denn der Park ist zwar öffentlich, doch in gewissem Sinne gehört er ihr ganz allein...

Soupe à l'ail et aux herbes (aïgo-boulido)
Knoblauchsuppe mit Kräutern

Diese Suppe ist wegen ihrer geschmacklichen wie medizinischen Eigenschaften und Dank wohltuender Ingredenzien wie etwa dem Knoblauch und dem Salbei nicht nur in der Provence überaus beliebt. Zum »Beweis« seien hier noch zwei provenzalische Sprichwörter angeführt:

L'aïgo-boulido sauvola vida.
(Eine Knoblauchsuppe rettet das Leben.)
Qu'à de souvé dins soun jardin, a pas besoun de médecin.
(Wer Salbei in seinem Garten hat, braucht keinen Arzt.)

ZUTATEN FÜR 4 PERSONEN

ARBEITSAUFWAND
10 MINUTEN

GARZEIT
15 MINUTEN

1 Liter Quellwasser	1 Zweiglein Thymian
5–6 Knoblauchzehen	1–2 Löffel Olivenöl
1 Zweig Salbei	Salz
1/2 Lorbeerblatt	Pfeffer

Die 5–6 Knoblauchzehen zerdrücken oder vierteln und in das Wasser geben. Vier große Blätter oder einen kleinen Zweig Salbei, ein halbes Lorbeerblatt und ganz nach Geschmack eine Messerspitze bzw. ein Zweiglein Thymian dazu tun. Salzen, pfeffern, aufkochen und zugedeckt etwa 15 Minuten brodeln lassen. Vor dem Servieren durch ein Sieb gießen. Wer mag, kann den Knoblauch mitessen, denn er entfaltet gerade in gekochtem Zustand eine verdauungsfördernde Wirkung. Die Suppe lässt sich auch mit ein paar Löffeln Olivenöl verfeinern. Besonders gut schmeckt sie auf Brot serviert. Eine andere Variante besteht darin, die heiße Suppe langsam über ein rohes gerührtes Eigelb zu gießen. Außerdem kann man auch zwei Hände voll Suppennudeln mitkochen.

Œuf en bouillabaisse au fenouil
Gemüseeintopf mit Fenchel und verlorenen Eiern

Dieses einfache und originelle Gericht lässt sich schnell und nahezu saisonunabhängig, zu geringen Kosten und... auch weit vom Meer entfernt zubereiten

ZUTATEN FÜR 4 PERSONEN

ARBEITSAUFWAND
45 MINUTEN

GARZEIT
20–25 MINUTEN

2 Stangen Lauch	2 Briefchen Safran
1 Zwiebel	1 Liter Wasser
4 Knoblauchzehen	4 Eier
2 Tomaten	4 Scheiben Landbrot
1 Kräutersträußchen	1 Bund Petersilie, gehackt
1 Zweig Fenchel	geriebener Käse
4 große, möglichst gelbe	Salz, Pfeffer
Kartoffeln (oder 8 kleinere)	Olivenöl
1 Stückchen Apfelsinenschale	

Den Lauch und die Zwiebel in feine Scheiben schneiden und in einer Pfanne oder einem Schmortopf in dem Olivenöl bräunen. Die beiden Tomaten entkernen, klein schneiden – ersatzweise tun es auch zwei Löffel voll Tomatenmark oder -püree – sowie vier zerdrückte Knoblauchzehen, das Kräutersträußchen (mit Thymian, Lorbeer und Petersilie), einen Zweig Fenchel, ein wenig Apfelsinenschale, die in dicke Scheiben geschnittenen Kartoffeln und den Safran hinzugeben.

Mit reichlich Wasser auffüllen, sodass alles gut bedeckt ist. Auf großer Flamme schnell zum Kochen bringen, ganz so wie eine richtige Bouillabaisse. Inzwischen die Brotscheiben toasten, mit einer Knoblauchzehe einreiben und auf einer tiefen Platte anrichten. Nach etwa 20 Minuten, wenn die Kartoffeln gar sind, auf einen Teller geben und mit gehackter Petersilie bestreuen. Die Suppe durch ein Sieb gießen und die Flüssigkeit erneut aufkochen. Pro Person ein Ei hineinschlagen und stocken lassen. Das Brot mit dem geriebenen Käse bestreuen, die Flüssigkeit darüber geben und darauf das Gemüse und die Eier drapieren. Heiß servieren!

Jean Lafont

Blühende Wiesen
und regionale Küche
in der Camargue

Jean Lafont lebt im Rhône-Delta in der Petite Camargue. Diese einzigartige Landschaft, die weder jene salzigen noch die sandigen Böden aufweist, die der Camargue allgemein zugeschrieben werden, wird von dem durch die enorm hohe (Luft-) Feuchtigkeit hervorgerufenen, wundersamen Fließen und Changieren des Lichtes geprägt. In dieser Umgebung unterhält Jean Lafont seit Jahren einen Naturgarten. An Wasser fehlt es hier nicht, eher ist das Gegenteil der Fall, denn im Winter gibt es nicht selten Überschwemmungen. Das Gelände ist von unregelmäßig angeordneten Kanälen, den Robines, durchzogen. Kleine Brücken, Pergolen und aus rohem Holz gezimmerte Hütten bilden interessante Blickpunkte und wissen den vornehmlich naturbelassenen Landschaftsgarten auf sanfte Weise zu strukturieren. Schon seit ewigen Zeiten und vor allem, bevor es Mode wurde, ist Jean Lafont ein glühender Anhänger blühender Wiesen. Jedes Jahr im Frühling kann er sich immer wieder neu an dem Meer jener mehrköpfigen, cremefarbenen Narzissen mit den zitronengelben Kronen – *Narcissus tazetta ssp. italicus* – erfreuen, die in den Wiesen entlang der Wasserläufe heimisch sind. Im Übrigen ist dies eine Pflanze, die nicht von den Stieren gefressen wird, und von dem Geschmack dieser Tiere weiß Jean Lafont wahrlich ein Lied zu singen!

Im Jahre 1945 sah sich Jean Lafont im Besitz einer stattlichen Herde von rund 300 Tieren, von denen etliche an den Stierkämpfen in den Arenen von Arles, Nîmes und anderswo teilnahmen. Bei der dort üblichen Variante des Kampfes werden die Stiere typischerweise nicht getötet, sodass sie dem Züchter häufig durch ein langes und oft freundschaftliches Verhältnis verbunden bleiben. Mittlerweile ist Jean Pensionär, und seine Herde hat er längst verkauft. Außerdem vermeidet er es nach Möglichkeit, einem »seiner« Tiere beim Kampf zuzuschauen. Das sei so, erklärt er, als ob man gezwungen sei, einen geliebten Garten zu verlassen, und dann dessen Anblick unter der Regie des neuen Besitzers nicht erträgt. Seine Wiesen am Ende des Gartens werden noch heute beweidet, sodass er mit größter Freude die Schwärme der Pique-bœufs, der Rhinozerosvögel, »bei der Arbeit« beobachten kann.

Künstlerisch inspirierte Kreationen

Der Vater von Jean Lafont stammte aus der Region, doch seine Großmutter kam aus Russland. Jean Lafont führte einst ein bewegtes Leben, in dessen Verlauf er Bekanntschaft mit so mancher berühm-ter Persönlichkeit schloss, und irgendwann besaß er auch eine Diskothek. In seinen jungen Jahren war er nicht selten zu Besuch bei Marie-Laure und Charles de Noailles, jenen berühmten Mäzenen zahlreicher bildender Künstler, Schriftsteller und moderner Komponisten. Die vom Ehepaar Noailles entworfenen Gärten in Grasse und auch in Hyères, die heute öffentlich sind, zählen zu den schönsten Anlagen Südfrankreichs. Charles de Noailles hatte Jean Lafont einst ein Exemplar seiner Bücher mit den Worten »Für Jean Lafont, der die Pflanzen des Mittelmeerraumes besser kennt als ich« gewidmet, Marie-Laure de Noailles hatte ihm ihre Töpfe und Pfannen und andere Küchenutensilien vermacht. Jean Lafont kann in der Küchen- und der Gartenarbeit durchaus Parallelen entdecken: Bei beiden Verrichtungen geht man von einem natürlichen Produkt aus und verfeinert dieses im kreativen Schöpfungsprozess auf künstlerische Art und Weise.

Sein Garten ist hierfür das beste Beispiel, zumal er der Mode der so genannten naturbelassenen oder wilden Gärten um 20 Jahre voraus war. Anstelle des üblichen Rasens haben sich hier Bodendecker und wilde Gräser ausgesät. Sie werden mehrmals im Jahr geschnitten, ohne dass die Myriaden von Zwiebel- und Wiesenblumen Schaden nähmen. Die ersten Blüten des Jahres finden sich mit den Veilchen, den Wildtulpen *(Tulipa sylvestris)*, dem

Doldigen Milchstern *(Ornithogalum umbellatum),* dem Sumpf-Knabenkraut, der Garten-Gladiole, der Trauben-Hyazinthe, dem Löwenzahn und den Schlüsselblumen ein, die sich hier nach Lust und Laune vermehren. Der Gärtner hat diese Gaben der Natur durch einige neue Arten bereichert, die das Mikroklima entlang der mittlerweile besser funktionierenden Entwässerungsgräben zu schätzen wissen. An den Böschungen begann Lafont mit einigen Pflanzen wie dem Malvestrum und dem Immergrün zu experimentieren, die nicht so gerne »nasse Füße« haben, sich allerdings mittlerweile fast schon zu sehr ausbreiten konnten. Doch Jean Lafont ist ein wahrer Liebhaber der Bodendecker! Sein anderes Steckenpferd sind die Gräser, mit denen er sich gerne in der berühmten Baumschule von Clara und Olivier Filippi versorgt: Die ist bei Montpellier zu finden und also gar nicht so weit entfernt.

Die allergrößte Leidenschaft des Jean Lafont aber gilt den Sträuchern und Bäumen, die in ihrer Vielfalt in seinem Garten beachtlich sind. Für Olivenbäume sind die Böden der Camargue nicht geeignet, besonders gut aber gedeiht hier die Tamariske mit ihren lachsfarbenen federartigen Blättern. Ferner wachsen bei Jean Lafont 15 Zypressen-Arten, vier verschiedene Ulmen, ein Honigglockenstrauch *(Freylinia lanceolata),* an dem eine Senator-Lafolette rankt, zahlreiche Magnolien, Zierpflaumen und -birnen sowie verschiedenste

Kamelien in einem quadratischen Torf- und Schlammbeet. Am meisten liebt Jean Lafont die Sorte Coquetti, deren dachziegelartig angeordnete Blütenblätter ganz von allein fallen. Im Ganzen bietet der Garten mehr als 700 verschiedene Arten von Sträuchern und Bäumen aus der ganzen Welt.

Schlichte und zugleich raffinierte Küche

Auch in der Küche weiß Jean Lafont die Mischung von regionalen und exotischen Einflüssen zu schätzen. Unser Mittagessen auf der Terrasse – selbst im Monat März kann man hier gut draußen speisen – besteht aus Zutaten der unmittelbaren Umgebung und ist im Handumdrehen zubereitet. Es gibt einen wunderbaren, im Ganzen gegrillten und mit einer Anis-Farce gefüllten Steinbutt mit gekochten Kartoffeln, zum Nachtisch die ganz frühen Erdbeeren der Sorte Gariguette aus der Gegend um Nîmes. Und während Jean Lafont mit seinem Fischmesser die Anissamen aus dem Fleisch des Fisches herausholt, erinnert er sich an anspruchsvollere Gerichte seiner Küche, etwa an eine verunglückte Karamel-Creme, die er mit 14 Jahren bereitete und deren Spuren noch jahrelang auf dem Buffet zu sehen waren! Besser war ihm dagegen

die Hasen-Blätterteigpastete gelungen, deren Geschmack er noch nach 30 Jahren praktisch auf der Zunge hat. Erwähnenswert wären dann noch ein mit Champagner verfeinertes Gelee aus gemischten Früchten und ein Blanc-manger aux amandes, eine Mandelpudding-Delikatesse aus Montpellier, die man sich während der Herrschaft von König Ludwig XIII. ausgedacht hatte. Diese Speise fand Jean, der mit Vorliebe in alten Kochbüchern stöbert, in einem Werk von Alexandre Dumas erwähnt. Die Publikationen von Alibab und von Reboul *(La Cuisinière provençale)* sind schon recht zerfleddert, weil Jean Lafont darin häufig etwas nachliest.

Andere kulinarische Erinnerungen kreisen um die großen Festessen in Mouriès oder Veranstaltungen wie die von Ferrades, bei der Jean für 200 Leute Rouilles de poulpes, also Oktopus in einer Chili-Knoblauchsauce, gekocht hat. Zu den einfachen und zudem preisgünstigen Gerichten, die die aktuelle Küche des Jean Lafaont auszeichnen, zählt eine Makrele in Weinessig. Dieses Rezept hat ihm einst die Fischverkäuferin Nénette aus Grau-du-Roi verraten. Es ist genau so schlicht und zugleich raffiniert, wie die Mahlzeit, die wir hier draußen genießen durften...

Capellini au vert de blettes
Capellini mit Mangold

ZUTATEN FÜR 4 PERSONEN

10 große Mangoldblätter	40 g Gruyère oder Parmesan,
20 cl Olivenöl	gerieben
350 g Capellini (Stärke 1)	Salz, frisch gemahlener Pfeffer

Einen großen Topf voll Salzwasser zum Kochen bringen. Inzwischen das Blattwerk des Mangolds von den Stielen befreien, jede Blatthälfte noch einmal teilen. In heißem Öl von beiden Seiten für einige Sekunden forsch anbraten, sodass die Blätter ein kräftiges Grün annehmen. Salzen, pfeffern und klein hacken. Auf einem Servierteller warm halten.

Die Capellini 3–4 Minuten lang bissfest kochen und abgießen. Die Nudeln mit dem Mangold vermischen. Dazu geriebenen Käse servieren.

Die Capellini lassen sich natürlich durch Spaghetti oder andere Teigwaren dieser Art ersetzen, wobei eine längere Kochzeit zu berücksichtigen wäre. Sollten Sie keine Nudelgerichte mögen, kann der Mangold auch zu einem Omelette oder einem Auflauf gereicht werden.

Daube de joues de bœuf à la provençale
Geschmorte Rinderbacke auf provenzalische Art

ZUTATEN FÜR 6 PERSONEN

1,5 kg Rinderbacke	1 gemischtes Kräutersträußchen
2 Zwiebeln	1 Chilischote
1 Speckschwarte vom Schwein	1/2 getrocknete Apfelsinenschale
10 Karotten	Salz
1 Glas Olivenöl	Pfeffer

Die Karotten in Scheiben oder Stifte schneiden, die Zwiebeln hacken, das Fleisch in 3–4 Zentimeter große Würfel schneiden. Zuerst das Fleisch auf großer Flamme in dem Olivenöl forsch anbraten, danach in einem Schmortopf warm halten. Im selben Öl die Speckschwarte, die Zwiebeln und die Karotten anbräunen, salzen, pfeffern und schließlich das Kräutersträußchen, die Chilischote und die Apfelsinenschale hinzugeben.

Auf kleinster Flamme 4–5 Stunden schmoren lassen.

Sollten das Fleisch und das Gemüse zu wenig Flüssigkeit hergeben, muß man Wein – vorzugsweise Rotwein – nachfüllen, bei Bedarf auch mehrmals. Vor dem Servieren die Speckschwarte und die Apfelsinenschale entfernen.

Jean Lafont

Morue à la portugaise
Stockfisch auf portugiesische Art

ZUTATEN FÜR 6 PERSONEN

2 Zwiebeln, gehackt	Estragon
700 g Pellkartoffeln	Petersilie
500 g Stockfisch (getrockneter	1 Schuss Olivenöl
Dorsch bzw. Kabeljau)	frisch gemahlener Pfeffer

ZEITAUFWAND
48 STUNDEN FÜR
DAS EINWEICHEN
DES FISCHES
+ 25 MINUTEN
ARBEIT

GARZEIT
15 MINUTEN

Den Fisch 48 Stunden zuvor in kaltem Leitungswasser einlegen, zwischendurch zwei-
bis dreimal das Wasser auswechseln. Danach den Fisch ganz oder halbiert in eine
Pfanne legen, mit kaltem Wasser bedecken und zum Kochen bringen. Vom Feuer
nehmen und 10 Minuten zugedeckt ziehen lassen.
Die Kartoffeln pellen und in etwa 1 cm dicke Scheiben schneiden.
In einer Pfanne die Zwiebeln leicht in wenig Olivenöl anbräunen, die Kartoffeln
zugeben – wenig später auch den gehäuteten und zerpflückten Fisch. Pfeffern! Auf
größerer Flamme unter vorsichtigem Umwenden erhitzen und auf kleiner Flamme
schmoren, bis alles eine goldbraune Farbe angenommen hat. Die Kräuter klein schneiden und kurz mitschmoren. Heiß servieren!

Bruno
Lafourcade

Strenge und Phantasie
bei einem Gastronomen
in Saint-Rémy

In der Familie Lafourcade ist jeder ein Künstler, und alle kümmern sich auch ums Kochen. Die Landschaftsgestalterin Dominique Lafourcade ist für ihre gleichermaßen traditionellen wie innovativen, sparsam-zurückhaltenden wie vor Ideen strotzenden, formal strengen und dennoch sinnlichen, Aufsehen erregenden und gleichwohl Geborgenheit bietenden Gärten berühmt.

Unter Fachleuten ebenso bekannt sind Vater Bruno und Sohn Alexandre Lafourcade, die als Innenarchitekten und Restauratoren alter Häuser einen exzellenten Ruf genießen. In der Gastronomie hat vor allem Vater Bruno einen klingenden Namen, denn er installiert wunderbare Öfen und setzte schon so manchen Weinkeller und viele Küchen berühmter Köche instand – zu seinen Freunden zählt er Größen wie den Koch Jean-André Charial vom »Oustaou de Baumanière«. In jüngster Zeit haben sich Bruno und Alexandre Lafourcade ausgiebig dem an die Zisterzienser gemahnenden Kellergewölbe der Domaine de Crémade (AOC Palette, in der Nähe von Aix-en-Provence) gewidmet. Die Ausstattung dort ist übrigens Hightech.

Bei sich zu Hause in dem wunderschönen alten Mas südlich von Avignon übertreffen sich Dominique Lafourcade und ihre Mutter als Köchinnen exquisiter Fleischgerichte. Ehemann Bruno dagegen widmet sich lieber dem Fisch und den Gemü-sen. Dominique hat in ihrer privaten Gartenan-lage, die unzählige Male fotografiert wurde und in der ganzen Welt Nachahmer gefunden hat, die guten, essbaren Nutzpflanzen in den Ziergarten integriert, was im Übrigen in der Provence nicht selten ist. Aus diesem Garten stammen denn auch die meisten Gemüse und das Obst, die bei der

schiedene Sitzplätze, die passend zur Tages- und Jahreszeit eingenommen werden können. Im Som-mer steht in der Nähe des Gemüsegartens immer ein kleiner Grill, denn Dominique lässt sich am liebsten während der Ernte im Garten zum Kochen inspirieren, und sie schätzt Gerichte, die sich dort ebenso schnell zubereiten lassen, wie sie später verzehrt werden.

Familie auf den Tisch kommen. Und wie auch sonst durchaus üblich, hat Dominique Lafourcade die Akzente vor allem auf jene essbaren Pflanzen gesetzt, die in der Küche Verwendung finden, wie etwa Rosmarin von den entsprechenden Hecken. Im Herbst laden die beiden Laubengänge östlich und westlich der Anlage zum genüsslichen Schlen-dern ein, und hier und da findet man auch noch ein paar Trauben, die die Amseln den Bewohnern übrig gelassen haben.

Wie in vielen Gärten der Region isst man häufig im Freien, und rund um das Haus gibt es ver-

Das Essen und der Wein

Während Dominique aus Avignon stammt, so ist Bruno im Département Landes (an der französi-schen Atlantikküste) geboren. Als Dominiques Mutter Bruno Lafourcade für die Restaurierung eines Hauses in der Dordogne engagierte, malte sie gerade, und so kam es, dass Bruno damals einer der ersten Käufer der jungen Künstlerin wurde... Schon zu jener Zeit begeisterten sich beide für die gute Küche und für einen guten Wein – Dominique entwarf Wein-Etiketten, und einer

der ersten Kunden von Bruno wurde (natürlich) ein Gastwirt. Nun aber lebt die Familie schon seit Jahren in der Provence, und Bruno und Alexandre Lafourcade empfangen ihre Klienten in Saint-Rémy-de-Provence, wo Bruno wiederum eine familiäre und gastliche Atmosphäre geschaffen hat. Seit 1997 sind die Büros in einem alten Stadthaus im Zentrum untergebracht. Da man dort bald die

Schönheit, Qualität und Geschmack

Wer wissen möchte, unter welchen Bedingungen Bruno Lafourcade am häufigsten kocht, bekommt von seinem Sohn Alexandre zur Antwort »im Auto«. Bruno legt Woche für Woche rund 1500

ewigen Restaurantbesuche im Kreise der Mitarbeiter leid war, richtete Bruno Lafourcade im Erdgeschoss ein Esszimmer ein und ließ in dem kleinen Hof zwei Tische aufstellen, an denen die Belegschaft Platz nehmen konnte – en famille. Das Kochen besorgt eine Frau aus der Nachbarschaft, und wie und wann immer der Chef es wünscht, bereitet sie Spargelsalat oder ein exquisites Osso buco...

Kilometer zurück und verbringt bis zu fünf Stunden täglich in seinem Fahrzeug, um seine verschiedenen Baustellen zu besuchen, die irgendwo zwischen Monaco und Montpellier liegen. Zum Zeitvertreib erfindet er dann neue Gerichte.

Wie bei seinen Freunden, den großen Küchenchefs, basieren die Kompositionen Brunos grundsätzlich auf der (hohen) Qualität der Zutaten. Die Schönheit und die Vollendung eines Produkts inspiriert ihn beim Kochen. Andere mögen da von Qualität oder Geschmack sprechen, doch ihm kommt wirklich als erstes die Schönheit in den

Sinn, die allerdings die anderen Bedeutungen einschließt.

Bruno nimmt sich die Zeit, dort zu stöbern, wo die großen Köche gerne einkaufen wie in der berühmten Käserei Alpes de Cavaillon. Anregungen findet er aber auch auf dem kleinen, »wirklich netten« Wochenmarkt im Nachbardorf.

Die kulinarische »Ausbildung« des Bruno Lafourcade begann, als einer seiner frühesten Kunden sein Interesse an den Vorbereitungen eines großen Festessens entdeckte und ihm eine Ausgabe von *La Cuisine de Madame Saint-Ange,* einem Kochbuch der bürgerlichen Hausmannskost, schenkte. Wiewohl Bruno zugesteht, dass ein Koch sehr wohl bestimmte Grundkenntnisse haben müsse, findet er keinen Spaß am bloßen Nach-Kochen von Rezepten. Vielmehr liebt er das Überraschende und die Improvisation, und so bewundert er die Küche unserer Großmütter, die jeden Tag etwas Neues aus Essensresten zu zaubern wussten. Bei ihm zu Hause jedenfalls durfte nichts umkommen.

Bruno weiß, dass es sich beim Kochen leichter improvisiert, wenn ein Küchengarten in der Nähe ist. Und wenn dann noch jemand wie seine Frau Dominique in einer Ecke des Gartens Hühner und Enten hält, lassen sich auch Überraschungsgäste problemlos mitversorgen. Mit dem, was Garten und Stall zu bieten haben, ist ein Omelette jedenfalls schnell gemacht...

Eine spielerische und erfinderische Welt

Einst war Bruno in Saint-Paul-de-Vence zu einem wirklich mondänen Mittagsmahl geladen, als der Koch erkrankte. Bruno bot der entgeisterten Dame des Hauses an, ein Hummer-Soufflé zuzubereiten. Kaum hatte er seine Schürze an den Nagel gehängt, ließ er es sich nicht nehmen, das exquisite Ergebnis unter größtem Aufwand zu präsentieren, denn mindestens ebenso wie die Herausforderung in der Küche gefiel und gefällt ihm die spielerische Bewältigung aller anderen anfallenden Aufgaben.

Bruno hat das Glück, die Liebe zur guten Küche mit seiner Frau Dominique zu teilen und als eine Lebensart aufzufassen, die nicht unbedingt allzu ernst genommen werden muss, sondern sich vielmehr ganz unprätentiös in die spielerische, kreative Welt der beiden einfügt – etwa so wie der venezianische Pfahl, den sie an das Ufer des Teiches vor dem Haus setzten, und der heute den Hof in Saint-Rémy ziert: ein unerwarteter Farbtupfer und scheinbar ein Ausbruch aus dem ästhetischen Gefüge des schier undurchdringlichen Grün.

Derselbe informelle Geist herrscht im Bureau des Champs in einer anderen Ecke des Familiengartens, einer wohlgesetzten Parodie auf die Häuschen auf dem Lande, in die sich die Leute aus Städten wie Marseille flüchten, um ein wenig frische Luft zu atmen. Für so einen Wochenendgarten reichen meist schon einige Beetreihen mit Artischocken und Spargel.

Eine Weinlaube verlängert das kleine Haus ein wenig nach vorne, und die Weintrauben mischen sich unter die Blüten der dornenlosen Duftrose Zépherine Drouin. Im Vorbeigehen streift man einen Busch mit Eisenkraut, und gegenüber der langen Holzbank im Schatten der Weinblätter möchte Dominique einen Esel aufstellen, als Baumskulptur. Das ist eine dieser Anspielungen, die sich bei der Familie Lafourcade mit den Gerüchen und Aromen des provenzalischen Gartens mischen.

Soupe de moules en croûte
Muschelsuppentopf mit Teigdeckel

ZUTATEN FÜR 6 PERSONEN

700 g Muscheln	1 Knoblauchzehe
1 Portion Mürbeteig	1 Esslöffel Mehl
(mit 250 g Mehl)	1 Glas trockener Weißwein
1 Eigelb	1 Esslöffel gehackte Petersilie
1 Zwiebel	50 g Butter
2 Schalotten	Salz, Pfeffer

Die Muscheln unter fließendem Wasser säubern, in einem Topf mit Deckel mit möglichst wenig Wasser aufsetzen und warten, bis sich alle geöffnet haben. Das Muschelfleisch aus den Schalen herausholen, den Jus aufbewahren.

In dem geleerten Topf die Butter erhitzen und darin die Zwiebel, die Schalotten und den Knoblauch dünsten, bis sie zerfallen. Das Mehl unterrühren, etwas später den Wein. Die Flamme kleiner stellen, das Muschelwasser und die Muscheln hinzufügen, leicht salzen und pfeffern.

Die gehackte Petersilie unterrühren, die Suppe auf sechs Porzellanschalen verteilen, in jede einen Stich Butter geben. Die einzelnen Schalen mit einem Mürbeteigdeckel schließen, den Teig mit Eigelb bestreichen und im Backofen bei 250 °C (Stufe 8) 20 Minuten backen.

Servieren, sobald der Teig goldgelb durchgebacken ist. Dazu passt hervorragend ein Weißwein wie etwa der 1999er Trevallon blanc von Éloi Durbach in Saint-Étienne-du-Grès.

Poulet aux écrevisses
Hähnchen mit Flusskrebsen

ZUTATEN FÜR 6 PERSONEN

ARBEITSAUFWAND
50 MINUTEN

GARZEIT FÜR DAS
HÄHNCHEN ETWA
70 MINUTEN,
INSGESAMT
80 MINUTEN

1 großes Hähnchen, 1,6–2 kg	150 g Butter
2 kg Flusskrebse	150 g Crème fraîche
2 Gläser Weißwein	1/4 Liter nicht zu fette
1 Zwiebel	Bechamelsauce
1 Knoblauchzehe	30 g geriebener Käse
2 Stängel glatte Petersilie	Salz, Pfeffer

Das Hähnchen etwa 70 Minuten bei 200 °C (Stufe 6) im Ofen backen, zerlegen und die Haut entfernen.

Inzwischen die Flusskrebse in einem großen Topf in Wasser, dem Wein, der Zwiebel, dem Knoblauch und der Petersilie kochen, bis sie durchgerötet sind. Die Krebse abkühlen lassen, die Schalen entfernen und das Krebsfleisch zurücklegen.

Die Schalen vom Rumpf, die Beine usw. mit dem Mörser zerstoßen und mit der Butter vermischen. In einem Topf auf eine Flamme stellen und unter weiterem Stampfen erhitzen, bis die Butter eine rötliche Farbe annimmt. Die Butter durch ein Sieb gießen, dann mit der Crème fraîche und der Bechamelsauce vermengen.

Die Hähnchenstücke mit den Krebsschwänzen in einem Kupfertopf vorsichtig erhitzen. Die Sauce darübergeben, sodass alle Stücke bedeckt sind. Mit geriebenem Käse bestreuen. Das Gericht kurz überbacken und heiß servieren.

Macaroni aux truffes
Trüffel-Makkaroni

Zutaten für 6 Personen

400 g Makkaroni	1 Esslöffel Olivenöl
2 Liter Hähnchen- oder	100 g Butter
Geflügelbrühe	30 g Parmesan
1 Stich Butter	1 Knoblauchzehe
2 schöne Trüffel von je 50–70 g	Salz

Arbeitsaufwand
15 Minuten

Garzeit 8–12
und weitere
15 Minuten

Die Makkaroni in der Geflügelbrühe gar kochen – sie müssen richtig durch sein, nicht etwa al dente. Eine Auflaufform mit Knoblauch ausreiben, den Boden buttern und die Makkaroni hineingeben.

Die Trüffel waschen, vorsichtig abbürsten und in feine Scheiben schneiden oder hobeln. Mit 100 g Butter und einem Esslöffel Olivenöl in einem Topf 3 Minuten lang auf kleiner Flamme erhitzen, sodass Butter und Öl den Geschmack der Trüffel annehmen. Die Mischung gleichmäßig mit den Makkaroni vermengen, abschmecken und den geriebenen Parmesankäse darüberstreuen.

Den Backofen auf 250 °C (Stufe 8) vorheizen und das Gericht für 15 Minuten hineinstellen. Zum Schluss unter dem Grill kurz bräunen lassen.

Dazu schmeckt ein Rotwein wie beispielsweise ein 1998er Château Crémade von Palette au Tholonet.

Émile Garcin

Der Epikureer würdigt
die Welt der Sinne
mit kompromissloser Strenge

Der in Saint-Rémy-de-Provence geborene Émile Garcin gilt als einer der Topmanager der provenzalischen Immobilienbranche. Sein Privatleben hat er wie seinen Jardin secret stets als Diskretionssache betrachtet. Die Gartenanlage, eine überaus gelungene Mischung provenzalischer wie kosmopolitischer, traditioneller wie avantgardistischer Elemente, zählt zu den schönsten des Landes. Diese bewaldete, schattige Insel inmitten landwirtschaftlich genutzter Flächen wird von erstaunlich vielen scheinbaren Widersprüchen bevölkert: Man denke an die herrschaftliche, von riesigen alten Platanen gesäumte Auffahrt und den ummauerten kleinen Gemüsegarten; die Voliere und das Puppenhaus, die sich zwischen den großen Kiefern und Eichen verlieren; ein kleines labyrinthisches Blumenbeet, das den Blick auf ausgedehnte Sonnenblumenfelder und die silbrig schimmernde Hügelkette der Alpilles lenkt; eine Allee mit Palmfarnen und eine dichte Reihe junger schlanker Zypressen, die den Rasen beschattet. Der ganze Garten entfaltet sich in Nuancen von Grün, Beige und Grau. Davon hebt sich allein das in einer sonnigen Ecke gelegene, ockerfarbene Schwimmbad mit einer ungewöhnlichen Einfassung aus unzähligen niedrigen Sukkulenten ab.

Die Vegetation bildet unterschiedliche Höhen-zonen: Im Sommer beschattet das obere großflä-chige Blattwerk die unteren Pflanzen, im Winter lässt es das Sonnenlicht hindurchdringen, und schließlich bietet es das ganze Jahr über Schutz für die gedrungeneren, immergrünen Gewächse wie die Steineiche, den Buchsbaum, die Glanzmispel (*Photinia*) und den Wolligen Schneeball. Émile Garcin hatte sich in den Gärten am Lago di Como zu dieser Art der Bepflanzung inspirieren lassen, doch hätte er ebensolche Beispiele auf verschie-denen alten Landgütern in den Alpilles finden können.

Der provenzalische Dichter Frédéric Mistral, der ganz in der Nähe geboren wurde, hat die großen landwirtschaftlichen Güter des 19. Jahrhunderts einst als eigenständige, nahezu autarke kleine Gemeinden beschrieben. Seine Eltern, die in der Gegend um Arles lebten, empfanden sich einer neuen Aristokratie zugehörig, die den Wandel vom einfachen Bauern zum Bürger repräsentierte. Auf den Ländereien rund um ihr großes Haus wieder-holten sich die Arbeitsabläufe Jahr für Jahr. Das Pflügen der Felder, die Aussaat, die Schafschur, die Maht, die Seidenraupenzucht, die Ernte und das Dreschen des Getreides, die Weinlese und die Olivenernte charakterisierte er als die unendlich harten, aber würdevollen Arbeitsschritte im land-wirtschaftlichen Prozess, die zugleich die Unabhän-gigkeit und Gelassenheit der Bauern bekundeten. Auch auf dem Gut des Émile Garcin hat jener friedvoll ausgeglichene Lebensrhythmus seine Spu-ren hinterlassen.

Garcin ist davon überzeugt, dass nicht er es war, der sein Mas vor rund 20 Jahren entdeckt hat, son-dern vielmehr umgekehrt. Er lebte damals in die-sem Haus, das erst später von dem Innenarchitek-ten Jacques Grange restauriert wurde, und kaufte nahezu haltlos zahlreiche Möbelstücke und Ob-jekte, die gar nicht zueinander zu passen schienen, die dann aber wie von selbst ihren Platz in dem neu gestalteten Anwesen fanden.

Émile Garcin ist der Meinung, dass neben dem sichtbaren Leben ein unsichtbares existiert. Dieses nicht sichtbare, nicht erklärbare Leben ist für ihn fast immer von ebenso großer Bedeutung. Und er betont, dass für ihn das Wichtigste an einem Haus und an einem Garten die Demut sei, mit der man diesen Dingen begegnet.

Eine Qualität des Lebens

Seit 20 Jahren ist Émile Garcin Vegetarier, und ebenso lange praktiziert er Yoga. Für ihn bedeutet das, im Einklang mit den Lehren des Yoga zu leben, was natürlich nicht auf ein oder zwei Stunden am

In Saint-Rémy-de-Provence gibt es glücklicherweise eine ganze Reihe von hervorragenden Lebensmittelgeschäften, die selbst einen kosmopolitisch anspruchsvollen Feinschmecker zufrieden stellen können, außerdem einen der besten Fischhändler und einen exzellenten Käseladen. Außerdem liegt die Camargue ganz in der Nähe – das ist wichtig, weil ihr Reis zu seinen Grundnahrungsmitteln zählt.

Garcin liebt nicht nur den Wildreis aus der Camargue, er schätzt auch den Basmati und den Roten Reis – neuerdings auch aus biologischem Anbau. Und so kauft er direkt beim dortigen Erzeuger ein. Dass er Vegetarier ist, tut seiner Weinleidenschaft keinen Abbruch. Besonders schätzt er die Weine von Dominique Hauvette aus Saint-Rémy und natürlich die der Domaine de Trévallon von Éloi Durbach.

Die Küche von Émile Garcin ist nachgerade bescheiden, und er behauptet von sich, fast wie ein Vogel zu essen: Zu Mittag nimmt er etwas Tomatensalat mit Mozzarella und einen Café zu sich, am Abend bereitet er zwei oder drei verschiedene Gemüse mit Reis. Das ist für ihn keine Frage der Ästhetik, sondern absolut praktisch, außerdem »moralisch« einwandfrei und überaus gesund.

Nur selten empfängt Émile Garcin Gäste bei sich.

Tag beschränkt bleibt und vor allem auch die Ernährung und die Gestaltung des Gartens integriert. Die Küche wie auch der Garten zählen zu den Grundelementen der Lebensqualität. Beide erschließen sich sowohl über die Augen wie den Gaumen, und sie sichern schließlich den Fortbestand des Lebens.

Natürliche Aromen

Der Küchengarten spielt eine wichtige Rolle im Leben des Émile Garcin. Garcin liebt das Gemüse, die Salate und die Tomaten, die dort wachsen. Diese Dinge schmecken sehr intensiv – ganz im Gegensatz zu den Erzeugnissen, die es im Supermarkt zu kaufen gibt. Seine Tomaten haben wirklich nichts mit jenen Früchten gemein, die im Gewächshaus aufgezogen werden, ohne dass jemals die Plastikfolie zwischen ihnen und der Sonne entfernt würde.

Garcin fürchtet die Pestizide der industrialisierten Landwirtschaft, die sein Land (leider) so sehr mit Stolz erfüllt. Er erkundet regelmäßig das Angebot der Biobauern in der Umgebung und lässt sich ihre Produkte ins Haus kommen, oder er schickt seine Haushälterin Denise vorbei. Diese Frau ist es auch, die unter seiner Anleitung die täglichen Arbeiten in der Küche erledigt.

Aber er hat eine sehr gute Freundin, Jeanne Moreau, die hin und wieder zu Besuch kommt – zum Kochen! Sie ist eine überaus gefühlvolle und begabte Köchin. Genau wie Garcin isst sie kein Fleisch, bereitet sehr schlichte Gerichte zu, verwendet häufig einen Dampfkochtopf, und vor allem kocht sie nur mit den allerbesten Zutaten. Ihre Spezialität sind die Suppen – von Gemüse natürlich!

Die provenzalische Seele

Dass die Küche der Provence heute in aller Munde ist, empfindet Émile Garcin durchaus nicht nur als Mode, sondern vielmehr als eine grundlegende Verhaltensänderung. Natürlich meidet er das Postkarten-Image der Provence, doch es bleibt ohnehin genügend Raum für das Unsichtbare, dessen Präsenz er in den Alpilles deutlich zu spüren vermag – bestimmte Orte stehen im Einfluss anderer Mächte. Garcin nennt Nostradamus, der in Saint-Rémy geboren ist, im Land des Mistral. Und denkt an dieses charakteristische Licht, das sich so sehr von dem im Luberon oder in Uzès unterscheidet...

Émile Garcin befürchtet nicht, dass die Provence sich ähnlich touristisch wie die Côte d'Azur entwickeln könnte, denn solange die Bauern hier aktiv sind, sieht er die Seele der Region gewahrt.

Die Landwirtschaft, die Ernährung und die Seele sind untrennbar miteinander verbunden. Dieser fast buddhistische Ansatz des Émile Garcin lässt an die Philosophie der Minnesänger des 12. Jahrhunderts denken, die nicht allein die Liebe, die Großzügigkeit und die Höflichkeit pries, sondern auch jene unfassbare, geheimnisvolle Eigenschaft der »Mesura« – des Maßes oder der Gemessenheit.

Aubergines à la cecelou
Aubergineneintopf mit Sardellen

ZUTATEN FÜR 6 PERSONEN

5 Auberginen	Thymian, Loorbeer
8 Tomaten	1 Schuss Olivenöl
6 Sardellenfilets	2 Esslöffel Mehl
5 Knoblauchzehen	Salz
1 große Zwiebel	frisch gemahlener Pfeffer

ARBEITSAUFWAND
20 MINUTEN

GARZEIT
25 MINUTEN

Die Sardellenfilets, den Knoblauch und die Zwiebel klein hacken und leicht anbräunen. Die Auberginen würfeln und in dem Olivenöl 10 Minuten lang braten. Die Tomaten entkernen und hinzufügen, später auch den Fisch, den Knoblauch und die Zwiebel mitschmoren. Salzen, pfeffern und so lange auf dem Feuer lassen, bis alle Zutaten zu einer Art Püree zerfallen sind. Nun das Mehl unterrühren und weitere 5 Minuten auf dem Feuer lassen.
Vom Feuer nehmen, einen Schuss Olivenöl zugeben und gleich servieren.

Rougets à la tapenade
Meerbarben mit Tapenade gefüllt

ZUTATEN FÜR 4 PERSONEN

4 Meerbarben	3 Stängel Koriander
50 g Tapenade aus schwarzen Oliven	1 Messerspitze Meersalz aus der Camargue
1 Schuss Olivenöl	frisch gemahlener Pfeffer

ARBEITSAUFWAND
40 MINUTEN

GARZEIT
15–20 MINUTEN
JE NACH GRÖSSE
DER BARBEN

Die Meerbarben ausnehmen und abschuppen, mit einem Tuch trocken tupfen. Salzen und pfeffern. Jede Barbe mit einem Esslöffel Tapenade füllen, die Fische nebeneinander auf ein Backblech legen und mit Olivenöl beträufeln.
Bei 240 °C (Stufe 8) 15–20 Minuten backen. Vor dem Servieren mit Korianderblättern bestreuen.

Confiture de courgettes
Zucchini-Marmelade

ZUTATEN

1 kg kleine Zucchini	40 g frischer Ingwer
6 unbehandelte Zitronen	2 Vanilleschoten
800 g Kristallzucker	

ARBEITSAUFWAND
25 MINUTEN,
VOR DEM KOCHEN
MINDESTENS
12 STUNDEN
ZIEHEN LASSEN

GARZEIT 15
MINUTEN

Am Vorabend die Zucchini waschen und in feine Scheiben schneiden, aber nicht schälen. Zwei der Zitronen hauchdünn schälen und die Schale in feine Stifte schneiden. Den Ingwer häuten und in kleine Scheiben schneiden. Alle 6 Zitronen auspressen.
Die Zucchini-Scheiben schichtweise in eine Schüssel legen, darüber jeweils Zucker, Ingwer, Zitronenschale und eine halbe, längs gespaltene Vanilleschote geben.

Schließlich den Zitronensaft und die restliche Zitronenschale darüber verteilen, die
Schüssel zudecken, kalt stellen und mindestens 12 Stunden ziehen lassen.
Am nächsten Tag in einer Kasserolle 15 Minuten unter ständigem vorsichtigen Rühren
köcheln lassen. Marmeladengläser mit kochend heißem Wasser ausspülen und die
Marmelade so heiß wie möglich abfüllen.

Anschriften
der vorgestellten Gärten

Das Erbe der Provence

Le Domaine d'Albertas
13320 Bouc Bel Air.
Tel.: 04 42 22 29 77 - Fax: 04 42 22 94 71.
»Fête des Plantes« am letzten Wochenende im Mai.

Château du Vignal
Monsieur und Madame Pierre Gautier-Vignal
Contes,
06390 Nice.
Tel.: 04 93 79 00 11 - Fax: 04 93 79 19 90.

Le jardin botanique d'Élie Alexis
Association de sauvegarde
Präsidentin Nicole Manéra
20, Chemin de Sabatery,
83136 La Roquebrussane.
Tel.: 04 94 86 83 20 - Fax: 04 94 86 94 23.

Les Amis de la Cuisine
Mme Caulet
Tel.: 04 94 86 93 36.

Paysagiste conseil
Jean Laurent Felizia
455 Chemin de la Fouasse,
Saint-Clair,
83980 Le Lavandou.
Tel.: 04 94 71 73 43.

Traditionelle Familienrezepte

Le Vallon Raget
Jacques und Nicole Martin-Raget
Saint-Etienne-du-Grès,
13150 Tarascon.
Tel./Fax: 04 90 49 15 05.
n.martinraget@wanadoo.fr

Nicole Arboireau
Les Amis des Parcs et Jardins Méditerranéeens
La Pomme d'Ambre
Via Aurélia, La tour de Mare,
83600 Fréjus.
Tel.: 04 94 53 25 47 - Fax: 04 94 52 95 50.
nicole.arboireau@wanadoo.fr

Galérie Joseph Bayol
Quartier Plantier Major,
13210 Saint-Rémy.
Tel./Fax: 04 90 92 11 97.
Besuch nach Vereinbarung.

Rund um den Wein

La Chartreuse de Bonpas
Mme Jérôme Casalis
84140 Caumont.
Tel.: 04 90 23 09 59 - Fax: 04 90 23 19 97.
Verkauf von Wein (Côtes-du-Rhône) und Olivenöl.

Domaine de la Malherbe
Mme Mireille Ferrari
83230 Bormes-les-Mimosas.
Tel.: 04 94 64 80 40 oder 04 94 64 80 11.
Fax: 94 71 84 46.
Verkauf von Wein (AOC Côtes-de-Provence).

Val-Joanis
Cécile Chancel
Route de Cavaillon,
84120 Pertuis.
Tel.: 04 90 79 20 77 - Fax: 04 90 09 69 52.
Für Führungen von Gruppen kontaktiert man
Myriame Bruel. Verkauf von Wein und Olivenöl.
info.visites@val-joanis.com
www.val-joanis.com

Die Profis unter den Gärtnern

Bruno Goris
L'Oustaou deï Baïléa
Chemin du Paradis,
06620 Gourdon.
Fax: 04 93 42 55 17.

Pierre und Monique Cuche
Devant-Ville,
83830 Clavier.
Tel./Fax: 04 94 76 63 91.
Besuch der Baumschule nach Vereinbarung.

Marco Nucera
Tailles paysagères
BP 16
13550 Noves.
Tel.: 04 90 92 99 21.

Le Potager d'un curieux
Jean-Luc Danneyrolles
La Molière,
84400 Saignon.
Tel.: 04 90 74 44 68.
www.lepotager.com
lepotager@wanadoo.fr

Zeitgemäße Tendenzen

Le Jardin d'Herbes de la Garde Adhémar
Danielle Arcucci
Rue de la Fontaine,
26700 La Garde-Adhémar.
Tel.: 04 75 04 41 95.

Bruno und Alexandre Lafourcade
10, Boulevard Victor Hugo,
13210 Saint-Rémy-de-Provence.
Tel.: 04 90 92 10 14 - Fax: 04 90 92 49 72.
laure.jakobiak@wanadoo.fr

Émile Garcin
8, Boulevard Mirabeau,
13210 Saint-Rémy-de-Provence.
Tel.: 04 90 92 01 58 - Fax: 04 90 92 39 57.

Rezept-Register

Zutaten-Register

Danksagung

Mein Dank gilt an erster Stelle den zahlreichen Gartenbesitzern in der Provence,
die mich seit 15 Jahren so zuvorkommend und großzügig empfangen haben – natürlich
auch jenen, die sich in diesem Werk nicht wiederfinden.
Des Weiteren ist meinen beiden Gesprächs- und Verhandlungspartnerinnen im
Verlag Editions Aubanel, Anne Serroy und Aude Macquet, zu danken,
die mir die Arbeit an diesem Buch enorm erleichtert haben.
Aufrichtiger Dank gilt auch dem Fotografen Vincent Motte
für seine wunderbar klaren Aufnahmen
wie schließlich meinem Ehemann, der ein raffinierter Koch und vor allem ein
ernstzunehmender Kritiker der besten wie der schlechtesten Ergebnisse meiner
Kochkunst ist. Dieses Buch hat unsere häusliche Küche sehr bereichert.

© Editions Aubanel, 2002
Die französische Originalausgabe
mit dem Titel »LA CUISINE DES JARDINS DE PROVENCE«
erschien bei Editions Aubanel, Paris.

Bibliografische Information Der Deutschen Bibliothek
Die Deutsche Bibliothek verzeichnet diese Publikation in der
Deutschen Nationalbibliografie; detaillierte bibliografische
Daten sind im Internet über »http://dnb.ddb.de« abrufbar.

1. Auflage
ISBN 3-7688-1484-X
Die Rechte für die deutsche Ausgabe liegen beim
Verlag Delius, Klasing & Co. KG, Bielefeld

Aus dem Französischen von Christiane Hauert
Layout: Lucile Jouret
Schutzumschlaggestaltung: Gabriele Engel
Printed in Spain 2003

Delius Klasing Verlag, Siekerwall 21, D-33602 Bielefeld
Tel.: 0521/559-0, Fax: 0521/559-115
e-mail: info@delius-klasing.de
www.delius-klasing.de

Verborgene Paradiese

Das provenzalische Haus spiegelt das Land wider, in dem es wurzelt: Es ist hell, voller Blumen, farbig, von der Patina der Zeit veredelt. Dieser Bildband lädt ein, das Savoir-faire der Kunsthandwerker und damit jene Einzelheiten zu entdecken, die ein wahres provenzalisches Haus ausmachen.

Noëlle Duck
HÄUSER DER PROVENCE
Architektur - Einrichtung - Gärten

188 Seiten, 270 Farbfotos
Format 23 x 27,5 cm, gebunden mit
Schutzumschlag
ISBN 3-7688-1407-6

Die derzeitige Herzogin selbst schildert Historisches und Besonderheiten, der berühmte Gary Rogers ist verantwortlich für die fantastischen Fotos. Majestätische Parterres, romantische Felsengärten, verträumte Waldpfade und die berühmte Kaskade sind nur einige der zahllosen Sehenswür-digkeiten.

Französische Gartenkultur: Von der Normandie bis zur Riviera, von der Picardie bis zu den Pyrenäen. Eine Entdeckungsreise durch klassische Küchengärten, ökologische Gärten, Land und Earth Art, die die französische Lebensart und ihre typischen Widersprüche in Ein-klang bringen: Städtisches/Ländliches, Exoten/heimische Pflanzen sowie Alt/Neu.

The Duchess of Devonshire
DER GARTEN VON
CHATSWORTH

192 Seiten, 251 Farbfotos
Format 27 x 22,5 cm, gebunden mit
Schutzumschlag
ISBN 3-7688-1319-3

Louisa Jones
FRANKREICHS NEUE GÄRTEN

176 Seiten, 236 Farbfotos
Format 24,5 x 25 cm, gebunden mit
Schutzumschlag
ISBN 3-7688-1414-9

Erhältlich im Buch- und Fachhandel

Edition Delius